小学館文庫プレジデントセレクト

文は一行目から書かなくていい

藤原智美

小学館

まえがき

「書けない」が「書くこと」の第一歩

このところ、たて続けに「どうしたら文章がうまくなるか?」「作家ならではの文章術は?」という質問をうけました。ふつうの会社員や作家志望の人たちです。

私はふだん心がけていることなど、適当に答えてその場をやりすごしました。しかしそういえば、じっくり腰を落ち着けて、文章術や書く方法を系統立てて考えたことがなかった、と思いあたりました。それがきっかけとなって、この本ができあがったのです。

書くということは、どんな種類の文章であっても簡単ではありません。書いていくほどに難しさを増していきます。そうした自覚がない人は、文章をつくることにむいていないのかもしれません。

もしあなたが「思うように書けない」「自分は文章がヘタだ」という自覚があれば、まずはそれだけで、上手に書くことの第一歩を踏みだしているのだ、と思います。

反対に「私には文才がある」「俺ほど文章がうまいのは、この会社にはいない」などと心のどこかで少しでも感じているとしたら、この本はあなたの役には立たないので、すぐに棚にもどしてください。

文章というのは、とかくうぬぼれやすいものです。他人が読むと、わかりにくい駄文であっても、なかなか自覚できない。書くほどにうぬぼれは強くなっていき、それを人に指摘されたとたん、猛烈に反発し「この名文が理解できないのか」などと、相手にくってかかったりします。

だれでも自分の文章をけなされると嫌なもので、反論したくなります。いったいなぜでしょうか？

文章とそれをつくりだした作者との関係が、きってもきれない濃密な関係にあるからです。いや、言葉を組み立て生みだされる文章は、まさにその人そのものだといえます。だから文章批判は自分自身を批判されたような気になるのです。

文章には、その人自身の姿があらわれる瞬間があります。隠しても隠せない自己が出てしまうのが文章です。

小説やエッセイなどの創作はもとより、手紙やメールといった個人的な書簡、あるいは研修を受けたあとのレポートや社内マニュアルにさえ、書き手の内面が映しだされることがある。

気取った鼻につく表現と、それを書いた人物像がぴたりと一致する、なんてことがありませんでしたか？

「書くこと」は恥じらうこと

文章とは書き手の内面やふだんは隠している思いが、自然にあらわれてしまうものだと人はうすうす気づいていて、だからこそ「書けない」のではないか、と私は思っています。文章を書くという行為は、恥ずかしさや戸惑いをともなうもので、それが筆を進める妨げになっている。文章を書くとき、つい気取ってしまうのも、自分の内面を隠そうとしてしまうからだし、飾ろうとするからなのです。

書くということが恥ずかしいことである、と私が知ったのは小学生のときでした。そのエピソードは第1章で紹介しています。以来、私は書くことにたいして、どこか恥ずかしさを感じ続けているような気がします。

しかしその恥ずかしさを超えて書き進めると、そこに真実が顔をみせることがあります。文章にはウソや演出がもりこまれるものですが、力強い、だれかに伝わる言葉は、そうしたハードルを乗りこえたときに生まれるものかもしれません。

書くことも、書き始めることも、自分が満足のいく文章をつくるのも、ひどく難しいものです。しかし、書くことの困難さをわきまえた謙虚な人なら、着実に前に進むことができると思います。

今回、私は自分の経験をもとに、書くことを本にまとめて問い直しました。みなさんにとってこの一冊が、書くことのヒント、書くことを考えるきっかけになることを祈ります。

目次

第2章 プロ作家の文章テクニック……43

第3章　名文の条件とは何か……71

第4章　日常生活で文章力を磨く

第5章　検索、コピペ時代の文章術……125

第1章

あなたは9歳の作文力を忘れている

文章の本質は「ウソ」である

文章を書くということは、いったいどういうことだろう。

このテーマについて考え始めたとき、脳裏によみがえってきたのは小学校三年生、九歳のときに書いた絵日記です。

夏休みの宿題だった絵日記に、私は母と電電公社に行った話を書いて提出しました。電電公社といっても、若い人には通じないかもしれません。電電公社は現在のNTTグループの前身で、正式名称を日本電信電話公社といいました。略して電電公社です。

その日の絵日記は我ながら力作でした。ひと際目立つ巨大なビルに、ダイヤル式の黒電話が描かれた大きな看板。ひと目でその建物が電話の会社だと伝わる、わかりやすい絵です。文章の欄には、「電電公社に行って楽しかった。帰りにデパートに寄った」といった内容を書きました。

実をいうと、この思い出は真っ赤なウソです。その夏、私は電電公社に行ったこともなければ、デパートに足を運んだこともなかった。しかし、「海に行った」「カブトムシをとった」といった定番の思い出ばかりではつまらなくなり、ほかの人たちが行かなそうな場所を選んで話をでっちあげたのです。

最初はユニークな絵日記を書いた自分に満足していました。ところが後日、実際に電電公社の建物に行く機会があって愕然《がくぜん》としました。

ビルを見上げても、そこにあるはずの黒電話の看板がない。「電電公社だから電話の看板があってしかるべき」と勝手に思い込んでいましたが、現実には電電公社のマークがついていただけです。それを見て、私は自分がついたウソの幼稚さに気づき、青くなりました（先生も母も子どものついたウソをわざわざ暴かず、黙っていてくれたことが唯一の救いでした）。

いま振り返ると、あの絵日記は私が初めて書いた「小説」でした。もちろんそれ以前にも宿題で作文を書いた経験はあります。しかしそれらは自発的な創作ではなかった。先生を喜ばせるために、何をどう書けばいいのか。そう考えて架空のストーリーをひねり出した瞬間、私は初めて「書き手」になったのです。

書くという行為について考えると真っ先に絵日記のことが思い浮かぶのは、書き手としての自分の原体験に、文章の本質が隠れている気がするからです。

文章の本質は「ウソ」です。ウソという表現にびっくりした人は、それを演出という言葉に置きかえてみてください。

いずれにしてもすべての文章は、それが文章の形になった瞬間に何らかの創作が含まれます。良い悪いではありません。好むと好まざるとにかかわらず、文章を書くという行為はそうした性質をもっています。

動物園に遊びに行った感想を求められたとしましょう。「どんな様子だったのか話して」と頼まれたなら、おそらくたいていの子は何の苦もなく感想を述べることができるはずです。ところが、「様子を文章に書いて」というと、途端に多くの子が困ってしまう。それはなぜか。同じ内容を同じ言葉で伝えるとしても、話し言葉と書き言葉は質が異なるからです。

巨大なゾウを見て、思わず「大きい」と口走ったとします。このように反射的に発せられた話し言葉は、まじり気のない素の言葉です。しかし、それを文字で表現しようとした瞬間、言葉は思考のフィルターをくぐりぬけて変質していきます。

「『大きい』より『でかい』のほうがふさわしいのではないか」

「『大きい！』というように、感嘆符をつけたらどうだろう」

「カバが隣にいたとあえてウソをついて、『カバの二倍はあった』と表現すれば伝わるかもしれない」

人は自分の見聞きした事柄や考えを文字に起こすプロセスで、言葉を選択したり何らかの修飾を考えます。言葉の選択や修飾は演出そのもの。そうした積み重ねが文章になるのだから、原理的に「文章にはウソや演出が含まれる。あるいは隠されている」といえます。

ある文章術の本に、「見たもの、感じたものを、ありのままに自然体で書けばいい」というアドバイスが載っていました。「ありのままに」といわれると、何だか気楽に取り組めるような気がします。

しかし、このアドバイスが実際に文章に悩む人の役に立つことはないでしょう。ありのままに描写した文章など存在しないのに、それを追い求めるのは無茶な話です。文章の本質は創作であり、その本質から目を背けて耳に心地よいアドバイスに飛びついても、文章はうまくはならない。

小学校三年生のときに書いた絵日記のことを思い返すと、当時の後ろめたい感覚が一緒によみがえってきます。私が「文章はウソや演出で成り立っている」という前提を見失わずにすんでいるのは、その体験のおかげともいえます。それと同時に、文章をつくるという行為には戸惑いや恥ずかしさがつきまとうということも学びました。

そう、どんな文も書くということは、無意識に恥ずかしさを伴うものなのです。

プロはこうやって文章力を鍛える

どうすれば文章をうまく書けるようになるのか。私にとって、これは昔からの課題であり、いまだ完全に達成したとはいいがたいテーマでもあります。

文章をうまく書くヒントをつかむことが本書の目的ですが、ただ一つ現時点でいえることがあるとすれば、文章の上達には、なりふりかまわず打ち込む集中した時間がいる、ということでしょうか。

物書きになって、自分の文章力が「伸びた」と感じた時期があります。私は大学を出てすぐ、『週刊大衆』という週刊誌でライターとしての仕事をもらうことができました。最初の四カ月間で、私の文章はズブの素人から、かろうじてお金をもらえる程度まで変化しました。ダイエット広告の使用前、使用後のように、四カ月の前と後では文章が変わっていたのです。

当時、『週刊大衆』の仕事はかけだしの身にとっては過酷そのものでした。あまり知られていないかもしれませんが、一般的に週刊誌はデータマン（現場で取材してネタを集めてくる人）とアンカー（データマンから上がってきたネタを構成して文章にする人）の分業制になっています。しかし、『週刊大衆』は一記事一記者の担当制で、取材から原稿書きまで、すべて一人でやる必要がありました。

外タレ（一九八〇年代には海外からやってくるアーティストを外国人タレント、略して外タレと呼んでいました）のグルーピー（追っかけ）を追いかけてみたり、殺人罪で起訴されたものの無罪になったおばあさんに話を聞きに行くなど、取材の内容はさまざま。社会経験の乏しい私には見るもの聞くものすべてが新鮮で、忙しいながらも充実した毎日でした。

ただ、楽しい取材の後には地獄の原稿書きが待ち構えていました。二、三日かけて一つのテーマを取材すると、出版社ではなく印刷所に直接向かいます。そこには編集者がいて、タバコをくゆらしながら私の原稿を待っています。

原稿は「ペラ」と呼ばれる用紙に書きます。ペラのフォーマットは会社によって違い、『週刊大衆』編集部では一二文字一〇行のペラを使っていました。それを一枚書きあげるたびに編集者に渡すのですが、とにかく最初は赤（修正）ばかり。

「つかみが弱いなあ。グルーピーが普通の女の子じゃつまらないからさ。冒頭は『A子は色白の肉感的な女の子だった』で始めたらどう？」

といった感じで、書いては指導を受け、直してはまた指導を受けの繰り返しで時間が過ぎていきます。

私がモタモタしていても、編集者に焦りはありません。最初から長期戦を覚悟していて、お持ち帰り寿司を常備。すっかり乾いて端が丸くはねてしまったイカやエビのお寿司を指して、「好きなだけ食べていいからね」と声をかけてくれます。もちろんこれは一歩も外に出さないぞという意思表示です。

私の場合、夜の七時から八時ごろに印刷所に入って四〇〇〇字前後の原稿を書き終えるのに七、八時間はかかりました。順調にいって終わるのは夜中の二時三時。明け方、日が昇ってからようやく編集者のオーケーが出て、通勤ラッシュの流れに逆らって帰宅した日もありました。

この修行ともいえる期間が約四カ月は続いたでしょうか。やっている仕事は変わらないのに、いつの日からか編集者による赤が減り、終電がある時間に帰ることができるようになっていました。

文章の質やスピードが突然向上したのは、編集者から受けた技術的指導だけが理由ではないでしょう。文章に打ち込める環境に、どっぷり浸かっていたことが大きいと思います。

一日一万歩歩くと健康によいといわれていますが、何度かにわけて歩き一万歩を達成するのと、しっかり八〇分間歩き続けて一万歩を達成するのでは、どちらが熱量を消費するか。正解は後者です。

文章にもこれと似たところがあって、文章だけに向き合う時間を集中して過ごしたほうが、ちょこちょこと書くより、ずっと文章力が鍛えられます。しかもその時間は、何かに追い立てられている緊張状態のほうがいい。

もう一〇年以上前ですが、打ち合わせのために集英社に行くと、会議室フロアに立て札があり、「井上ひさしさん執筆中、お静かに！」と書いてありました。井上ひさしは遅筆で有名な作家でしたが、ひょっとすると、もう逃げられない状況に自らを追い込んだほうが質の高い作品が書けると考えていたのかもしれません。

文章だけと向かい合う濃密な時間が良質なアウトプットを生み出すことは間違いありません。毎日書くことの大切さも後で述べるつもりですが、まずは文章を書くという作業の海におぼれてみることです。

小説とノンフィクションの違いとは

文章の本質はウソである、というのは小説などのフィクションの世界に限った話で、ルポルタージュやエッセイといったノンフィクション作品には当てはまらない、という声もあるでしょう。

たしかにノンフィクションでは、事実に反するウソを書く行為はルール違反です。しかし、ノンフィクションの文章にも演出や創作はあります。ここでいう演出は「文章には原理的にウソや演出が含まれる」という抽象論にとどまりません。一般的なノンフィクション作品にも、言葉の選択や修飾といった範疇《はんちゅう》を超えた作為的な演出が随所に見受けられます。

ノンフィクションでさえも演出がある。それを強く意識させられたのは、二〇代後半のときに初めて書いた署名記事でした。

当時まだかけだしのライターだった私に、ビジネス誌『プレジデント』の編集者から、ソニーが発売したポータブルCDプレーヤー「D－50」の開発秘話について取材して書いてみないかと声がかかりました。「D－50」はCDジャケット四枚分という当時としては画期的な薄さの小型CDプレーヤーで、この商品の登場によってCDの本格普及が進んだといわれるほどでした。私は二つ返事で請け負いました。

現場の工場長から事業本部長までさまざまな関係者に会って話を聞き、四〇〇字詰め原稿用紙三八枚にまとめたものを編集者に見せたところ、直しが入りました。

たとえば、忙しくて二週間に一度しか家に帰れず夫婦仲が悪くなっていた開発担当者が、ようやく難題をクリアして開発に成功したことを妻に告げるシーン。私は淡々と「妻も喜んだ」と書きましたが、編集者は「ここは、『妻は涙ぐんだ』にしましょう」と修正しました。

実際に奥さんが涙を見せたかどうかはわかりません。ただ、さらっと「喜んだ」と流すより、「涙ぐんだ」と具体的なアクションを描写したほうがドラマチックです。

それまでノンフィクションは事実だけを淡々と書くものと思っていた私にとって、編集者の修正は新鮮でした。おもしろいノンフィクションはこうしてつくられていくのかと納得したことを覚えています。

文章ではありませんが、NHKのテレビ番組『プロジェクトX～挑戦者たち～』が大ヒットしたのも、こうした演出がふんだんに盛り込まれていたからでしょう。

あの番組はノンフィクションであり、事実に基づいてつくられています。しかし、事実を単に羅列《られつ》するだけではない。つくる過程で事実と事実の隙間《すきま》にドラマをつむぎ、壮大な成功物語に仕立て上げているのです。

ノンフィクションにもフィクションと同様の演出があります。違いは事実に基づいているのか、そうでないのかということです。

書く前にカメラの位置を決める

ノンフィクションから創作的な部分を排除できない理由の一つに、「視点」の問題があります。

たとえばある殺人事件についてルポルタージュを書くとき、加害者の側から書くのか、被害者の側から書くのか。同じ事実を扱っても、カメラの位置によって事件のありようが異なって伝わります。どちらの側に視点を置くのかという選択をした時点で一〇〇パーセント客観的だとはいえず、何らかの演出意図が働くことになるからです。

一方、第三者的な視点で書いたと見える文章もあります。たとえば小説では、次のような三人称の文章をよく見かけますね。

「カズオはドアをノックした。しかし、彼はドアの向こうに自分の人生を大きく変える何かが待っているとは、まだ気づいていなかった」

いっけん客観的な描写に見えます。ただ、これはいってみれば「神の視点」であり、客観的な視点を装った演出方法の一つといえます。

神視点は一部の小説ではいまも見かける作術方法です。しかし、登場人物全員の心理も未来の出来事もすべて把握した作家の優位性を、あからさまに表現してしまうところが困ったところです。文章に感情移入しようにも、作家の上からの目線が気になってしまう。つまり、しらけるわけです。

神視点というわけではありませんが、ビジネス関係の報告書などには、安易に「いま市場は」「一般消費者は」といった主語に逃げている文章があります。「市場は」というと、ビジネスを取り巻く背景や状況を客観的に分析したように見えます。しかし実際に読み進めると、「それはキミの意見だろう?」といいたくなるような主観が書かれていて、逃げ道として市場や消費者が主語として使われているケースが少なくない。こうしたビジネス文章からは、書いた本人の覚悟も伝わってきません。

これは一般の文章でも同じです。視点のあいまいな文章に、人を動かす説得力はありません。力のある文章とは、自分のカメラの位置を明確に意識したものです。

「カリブの海賊」には後ろを向いて乗れ

文章における視点は、単に明確ならいいというわけではありません。

確固たる視点でもそれがありきたりなら、「どこかで読んだよね」で終わりですが、ほかの人とは違う視点、ユニークな切り口は人の心に何かを残します。

東京ディズニーランドの「カリブの海賊」という人気アトラクションをご存じでしょうか。中世のカリブ海と海賊をモチーフにした施設のなかをボートで進むアトラクションで、いい年をした大人でもスリリングな冒険の旅を堪能できます。お客の一人として純粋にアトラクションを楽しむなら、光と音の演出に合わせて冒険の世界に身をゆだねていればいいでしょう。ただ、「カリブの海賊」についてエッセイやコラム、レポートを書くとなればどうか。ほかのお客さんと同じように楽しんで、「あの場面でハラハラドキドキした」では、読み手を満足させられないのではないでしょうか。

私がエッセイを書くために「カリブの海賊」のボートに乗るとしたら、前のほうで大砲がドカンと鳴ってお客さんの視線が前方に集まる瞬間、あえて後ろを振り返ります。実際にそのようにして乗ったことがあるのですが、光の届かない暗闇に目を凝らすと、仕掛けを動かすための歯車や配線など、いうなれば見てはいけないものが露《あらわ》になって、カリブ海とは程遠い世界が広がっていました。

表から見える夢の世界と、それを裏側で支える機械の世界。この二つのギャップを切り口にして、現代人の人工的につくられる感動を風刺してみたり、華やかな世界を支える裏方の苦労に焦点を当てたエッセイが書けるかもしれない。

少なくとも「東京ディズニーランドは楽しい」より、読み手の心に届くものを書けるはずです。

幸いにしてユニークなものの見方は訓練で身につけられます。ほかの人とは違う強烈な体験をしたことがなくても、普段の生活のなかで意識していれば、ユニークな切り口は自然に身につくと思います。

訓練の材料は至るところにあります。

たとえば二〇一〇年のサッカーW杯南アフリカ大会。

岡田ジャパンがベスト四を目標に掲げたとき、おそらく九割以上の人が「あり得ない」と感じていたはずです。このときにあえて「いや、可能性はある。なぜなら」と、勝てる理由を考えていく。逆に、実際に決勝トーナメントに進んでベスト一六という結果に日本国中が歓喜の渦に包まれていたとき、「こうすればベスト四に行けたはずだ」と反省点を挙げていく。

このように多くの人が一定の方向を向いている現象があれば、違う切り口を探る絶好のチャンスです。あえて大勢の人とは違う切り口で考えることを自分に課せばいいのです。

ひねくれものといわれてもいい。

常日頃からみんなと違う方向に視線を向けることでユニークな視線が磨かれ、それが文章に豊かな発想をもたらしてくれるでしょう。

読み手を特定の一人に絞って書く

関係者一〇人が出席する会議に向けて企画書をつくるとします。企画を通すためには最低でも過半数の賛成が必要です。

もちろん理想は全員から賛同を得ること。さて、企画を通すためにはどのような企画書を書けばいいでしょうか。

一〇人の顔をそれぞれ思い浮かべて、誰からも文句が出ないように書きますか。

それはあまりおすすめできません。

誰からも文句が出ない文章は、誰からも賛同が得られない文章だと思ったほうがいい。仮に書けたとしても、おそらく中身の薄い文章になって、過半数の賛成も得られないでしょう。

説得力のある文章を書くためには、誰に向けて書くのか、つまり読み手の想定が大切です。読み手が複数いる場合は、全員ではなく特定の一人に絞ること。できるだけ具体的に読み手の顔を思い浮かべたほうが、当たり障りのない内容から一歩踏み込んだ表現ができて、文章の説得力も高まります。

企画書なら、その場の決裁権をもっている人や、あるいは文句をつけて企画を潰《つぶ》しにくる人を一人、具体的に思い浮かべて、あえてその人を納得させるために書いてみてはどうでしょう。

一人を納得させられる文章というのは、結果的にほかの人の心まで動かしてしまうものです。幅広く賛同を得ようとして丸くなってしまった文章より、けっきょくは多くの支持を集められるでしょう。

特定の人を想定することが大事なのは、小説やエッセイも同じです。

おおまかな読者層をイメージしている書き手は多いかもしれませんが、「層」に顔はありません。具体的な顔を思い浮かべて、この人はこれでおもしろがってくれるだろうか、涙してくれるだろうかと考えながら書くほうが、文章にも緊張感が出ます。

プロの書き手は、その点で恵まれているのかもしれません。読者の前にまずは編集者というプロの読み手がいるので、原稿用紙に向かえば否応なしにその顔が思い浮かびます。まず編集者を納得させることができるかどうかが第一関門になるわけです。

一般の書き手も、編集者のような厳しい目利きが身近にいると理想的です。いつも必ず目を通してくれるわけではなくても、「あの人ならどう評するだろうか」と気になる存在がいれば、よい意味で自分を追い込むことができます。

「いつかどこかで誰かが認めてくれる」では文章はうまくなりません。

「思いのほか広かった」のどこが問題か

二四歳のころ、クルマ雑誌でユーザーレポートを書いていた時期がありました。いまだから明かせますが、私はクルマという乗り物に興味がありませんでしたし、マイカーすらないペーパードライバーで、その仕事にまったく自信がもてませんでした。それでも引き受けたのは、いうまでもなく、かけだしの貧乏ライターで、仕事など選べなかったからです。

その雑誌で、あるクルマの運転席について「思いのほか広かった」と書いた原稿を編集者に見せたところ、「これではどの程度の広さなのかが読者に伝わらないよ。安易に形容詞を使っちゃダメだ」と厳しい指導を受けました。

広い、熱い、きれい、おいしい、すごい……。

私たちは会話で使っている形容詞を、深く考えることなく文章にも用います。しかし、ある人が「広い部屋」といったときに思い浮かべている広さと、それを聞いた人が想像する部屋の広さにはギャップがあります。

そのギャップを埋める工夫をせず、形容詞を投げつけるだけでは、読み手に不親切です。私が書いた「思いのほか広かった」は、まさしく読み手無視の独りよがりな表現でした。そのままレポートを掲載していたら、読者は実際のクルマの運転席の広さがまったくイメージできなかったでしょう。

では、形容詞を使わずにどのように表現すればいいのでしょうか。

ユーザーレポートにダメ出しした編集者は、「ユーザーの身長を書いたらどうか」とアドバイスをくれました。たしかにユーザーの背丈は一六六センチという情報を加えて、「身長一六六センチの試乗者は、運転席から後部座席をスムーズに振り返ることができた」と表現すれば、「広い」という形容詞は不要になります。

ポイントは自分一人の主観ではなく、多くの人と共有できる客観的な物差しを使うことでしょう。たとえば「一四インチのモニターが二つ置ける広さだった」「新型新幹線と同じくらい速い」というように身近にあるものに置きかえてみます。

身近なものに置きかえるといっても、「東京ドーム○杯分の大きさ」のように手垢《てあか》のついた置きかえは避けたほうがよいでしょう。わかりやすいという利点はありますが、ありきたりすぎて読み手の記憶に残りにくい。わかりやすさと同時にインパクトのある表現を、自分なりにいくつか用意しておくことをおすすめします。

形容詞の使い方を意識する

実は最近になって、形容詞を安易に使わないほうがよいと考える理由がもう一つ増えました。若い人の言葉づかいを聞いているうちに、人との摩擦を避けるために形容詞が使われていて、それが文章力の減退につながるのではないか、と危惧《きぐ》するようになったからです。

一九六〇年代を代表するバンドといえば、ローリングストーンズとビートルズです。いまから四〇年ほど前には、音楽好きの若者が複数集まれば、たいてい二大バンドのどちらが好きかという話題になったものでした。

「ビートルズのほうがかっこいいよ」「いや、ローリングストーンズだ」「あんなバンド、何がかっこいいんだ?」「それは」……。

こうして「かっこいいバンド」についての議論を延々と続け、喫茶店で何時間もねばる。これが当時よく目にする若者風景でした。

「かっこいい」だけではありません。当時の若者たちの会話において、あいまいさを含む形容詞はいつも議論の発端になっていました。誰かが「○○という女優は美しい」というと、別の誰かが「美しいとはどういうことだ」と返し、また別の誰かが「政治家は汚い」というと、「汚いというのは具体的に何を指しているのだ。おまえだって汚いじゃないか」と言葉を返される。

議論の中身はともかく、当時はあいまいな物言いを許さない空気があり、言葉ではっきりと自己主張することが当たり前でした。いま振り返ると、理屈好きな若者が多かったのかもしれません。

一方、現在はどうでしょうか。

街では次のような会話をたびたび耳にします。

「EXILE、ヤバくない？」

「ヤバい、ヤバい。でもAKB48もヤバいよ」

「わかる、ヤバいよねぇ」

EXILEもAKB48も、昨今の日本を代表する音楽グループです。ただし、二つのグループの音楽性は大きく異なります。

ひょっとすると広い意味でJ-POPとして共通要素があるのかもしれませんが、

少なくとも私が聞く限り、両者の音楽性にはローリングストーンズとビートルズ以上の開きがある。にもかかわらず、若い人たちはそこを突き詰めることなく、お互いに「ヤバい」といって認め合うのです。

もちろん認め合うのはよいことです。しかし、いまの若者（もちろん若者だけではないのですが）が議論を避けるのは、価値の多様性を認める精神とは違います。どちらかといえば、自己保身のために玉虫色の決着でお茶を濁したり、問題を先送りするときの精神構造に近い。議論するプレッシャーに耐えられないのかもしれません。

お互いに争わずに、いいたいことをいうにはどうすればいいのか。そこで多用されるのが形容詞。とくに頻繁に使われるのが、「かわいい」「すごい」といったあいまいで、汎用性《はんようせい》が高い形容詞です。

争うことを極端に怖がる心理は気になるところです。ただ、この本の目的は社会的傾向を分析することではありません。ここで強調したいのは、自己主張を避け、あいまいさのなかに逃げ込むようにして形容詞を使っている限り、表現力を磨くことはできないということです。

少々意地悪ですが、何を見ても「ヤバい」と表現する人に、「何がヤバいのか」「ヤバいとはどういうことなのか」と質問してみるとどうなるか。実際に何人かに聞いてみたところ、「ヤバいからヤバい」という答えが返ってくるケースがほとんどでした。これでは何の説明にもなっていません。

この状況から脱するには、形容詞ひと言で表現するのではなく、具体的な言葉での表現を自分に課すことでしょう。

たとえばレストランで食事をして、そのレビューをブログに書くときも、「〇〇がおいしかった」で終わらせない。苦味、酸味、甘味、塩味、旨味《うまみ》のどれなのか。ほかに似ている味はないのか。どのような料理や飲み物と合うのか。突き詰めていけば、「おいしい」以外にもさまざまな表現を発見できます。

詳細に表現すると、「この料理のポイントは酸味ではない」「あの人は料理をわかっていない」と、細かなところで反対意見が寄せられることもあるでしょう。それこそが、あなたの言葉への生きた反応なのです。

「おいしい」という形容詞ばかりに頼っていると、いつまでも前に進めません。最初に浮かんだ形容詞から、あえて二歩、三歩と踏み込んで言葉を探していくことで、表現力は豊かになっていくと思います。

ボキャブラリーは本当に必要か

ボキャブラリー（語彙《ごい》）がもっとあれば、と思った経験はないでしょうか。たとえば真っ赤なものを表現するときに、「赤」だけでなく、「紅」「朱」「緋《ひ》」「えんじ」「あかね」といった言葉を知っていれば、それだけ選択肢が広がる。しかし、ボキャブラリーは文章力の要ではありません。

ボキャブラリーを増やさねばならないと考えている人は、ハンガリー出身の女流作家、アゴタ・クリストフの『悪童日記』を読んでみてください。

アゴタ・クリストフは一九九五年に来日しています。『悪童日記』を読んで衝撃を受けた私は、彼女の来日記念講演を紀伊國屋ホールまで聞きに行きました。

講演タイトルは「母語と敵語」。母語とは、彼女の祖国の言語であるハンガリー語。敵語とは、彼女が二一歳のときに亡命したフランス語圏の街で、生きていくために習得せざるを得なかったフランス語のことです。

自伝で彼女はこう書いています。

「わたしはフランス語を三十年以上前から話している。二十年前から書いている。けれども、未《いま》だにこの言語に習熟してはいない。話せば語法を間違えるし、書くためにはどうしても辞書をたびたび参照しなければならない」(『文盲　アゴタ・クリストフ自伝』／アゴタ・クリストフ／堀茂樹訳／白水社)

「わたしは、自分が永久に、フランス語を母語とする作家が書くようにはフランス語を書くようにならないことを承知している」(同)

アゴタ・クリストフの存在を一躍世に知らしめた『悪童日記』は、フランス語による処女小説でした。つまりこの小説は、母語であるハンガリー語で書くときのように豊富なボキャブラリーのなかから言葉を選んで書かれたものではない。

前置きが長くなりましたが、それを踏まえたうえで冒頭部分を読んでください。

「ぼくらは、〈大きな町〉からやって来た。一晩中、旅して来た。お母さんは、眼を赤く腫れ上がらせている。彼女は、大きなボール紙の箱を抱《かか》えている。ぼくら二人は、衣類を詰めた小型の旅行カバンを一個ずつ提《さ》げ、さらに、お父さんの大辞典をかわるがわる抱えている。腕がだるくなると交替するのだ。

長い間、ぼくらは歩く。おばあちゃんの家は、駅から遠い。〈小さな町〉の、駅と反対側の端にあるのだ。この町には、市電も、バスも、自動車もない。道を行き交っているのは、いく台かの軍用トラックだけだ。

人影はまばらで、町は静まりかえっている。ぼくらの足音が聞こえるほどだ。黙々と歩く。お母さんを真ん中にして、ぼくら二人がその両脇を歩く」(『悪童日記』/アゴタ・クリストフ/堀茂樹訳/早川書房)

この後も同じ調子で小説は続き、平易な言葉を重ねただけの短いセンテンスが全編を通して繰り返されます。

ボキャブラリーはフランス語ネイティブスピーカーの小学生レベルかもしれません。ところがこの作品は多くの人の心を震わせ、二〇世紀を代表する名作と呼ばれるまでになった。評論家の間では、いまもノーベル文学賞候補としてアゴタ・クリストフの名前が挙がるほどです。

この事実から導けるのは、言葉の数は重要ではないということです。

私たちは表現力の源泉がボキャブラリーにあるかのように錯覚しがちです。

しかし『悪童日記』の例を見てもわかるように、ボキャブラリーの量によって表現の質が制限を受けることはない。むしろ小学生のころの、単純にして明解な表現が文章の力強さを生み出すこともあるのです。

無理してボキャブラリーを増やすことは害になることもあります。たとえば知識自慢をするかのように難しい言葉を並べた文章。新しい言葉を覚えると使いたくなるというのも、読み手にとっては迷惑なものです。

書き手が真っ先に気にかける必要があるのは、自分の伝えたいことが伝わるかどうかですから、読み手の大多数が知らないだろう言葉を無理に使うことはありません。演出の都合上、あまり知られていない言葉や新しい言葉を使いたい場合には、誤解が起きないように工夫をする必要があります。具体的には解説の文章を挟んだり、注釈をつけたりするわけです。しかも、そうした手間をかけることで文のリズムが奪われたりもしますので注意が必要です。

急いで自分のなかに取り込んだ言葉は消化不良のまま使うことになりかねず、文章がかえってわかりにくくなってしまう。言葉というのは、繰り返し見聞きするうちに自然に自分のなかに定着していくものです。新しく手に入れた言葉を書き言葉として使うのは、それからで十分ではないでしょうか。

自分にしかわからない感覚を文にする

作家志望の書き手は、多かれ少なかれ次のような願望を抱えているものです。自分にしかわからない感覚、人には理解されない思いが自分の内部で燃えさかっているが、誰も理解してくれないからこそ、多くの人に伝えてその思いを共有したい。この壮大なたくらみを実現するために、言葉と格闘して、小説や詩、エッセイといった作品に挑戦している。というとカッコよすぎですが、文章の世界に限らず創作というのはそういう行為だと思います。

自分にしかわからないだろうという感覚や思いを文章化して、それを読んだ誰かが共感を示したら、表現として成功といっていい。

例として思い浮かぶのは、梶井基次郎と坂口安吾です。

一九三二年に三一歳で早世した梶井基次郎は「桜の樹《き》の下には」という短編小説を残しました。「桜の樹《き》の下には屍体《したい》が埋まっている！」（『檸檬《れもん》』所収／梶井基次郎／新潮文庫）という有名な書き出しで始まるこの作品は、桜の樹をめぐる妄想に取りつかれた男が主人公です。

梶井が亡くなった時期に前後して作家活動を始めた坂口安吾は、「桜の森の満開の下」を書いています。これは情け容赦なく人を殺す山賊と、その山賊さえ手玉に取る魔性の女を描いた短編小説で、やはり桜の樹が重要なモチーフとして登場します。

元来、桜は春の訪れを高らかに告げる花で、見る人に華やかで豪華絢爛《けんらん》な印象を振りまいていました。いまだ春になると花見でみなが盛り上がるのは、私たちのなかに桜のきらびやかなイメージがしっかりと根づいているからでしょう。

ただ、梶井基次郎と坂口安吾が残した二つの短編によって、桜の樹には死や闇、退廃、妖艶《ようえん》といった従来と異なるイメージも加わった。

もともと桜の華やかさと死を結びつけたのは彼らだけでなく、古くは西行法師などもそうでした。しかし、どちらにしてもそれを引き出して近代に定着、普及させたのは二人の言葉の力。まさに二人の私的な感覚が言葉を介して伝わったわけです。

このようにけっしてマジョリティではない思いや感覚も、言葉や文章を介することによって顕在化され、普遍化されて残っていくことがあります。書き手にとっては、そこが究極のゴールの一つになるのでしょう。

私が『暴走老人!』（文春文庫）というノンフィクションを書いたとき、予想以上の反響があり、海外のテレビ番組も取材にやってきました。そのとき感じたのは、読み手の反応が実にさまざまだったということです。

なかでも多かったのは、「そういえば最近、おかしな年寄りが多いと思っていた」という声。これは「暴走老人」という耳なれない言葉が、多くの人が漠然と感じていた高齢者への違和感にぴったり結びついたということかもしれません。

このように四文字だけで新しいカテゴリーができあがることもあれば、試行錯誤の結果ようやく読者の反応を得られるケースもある。共通しているのは、書き手のなかに眠っている感覚や思いは言葉や文章によって命を吹き込まれ、読み手へと伝わり、そこで「化学反応」を起こすということでしょうか。

誰かに伝えずにはいられない書き手の感覚や思いは、どのように表現すれば伝わるのか。その観点から活用されることを願いつつ、次章から紹介する方法が実戦的なアドバイスになればと思います。

第2章

プロ作家の文章テクニック

すべてを書いてしまわず、次の日に繰り越す

パソコンを立ち上げたものの、一行も書けずに時間が流れていった経験はないでしょうか。気分転換で新聞を読んだり散歩に出ても、結果は同じ。いざパソコンを開くと、ふたたび堂々めぐりで苦悩の時間を過ごすということがあります。

どうすれば文章を書き始められるのか。この難問は二つのケースに大別できると思います。一つは、長い作品に取り組んでいて原稿と連日向かい合う必要があるが、気分が乗らずに昨日の続きが書けないというケース。もう一つは、作品そのものの冒頭部分が決まらずに先に進めないケースです。

前者のケースについて考えてみましょう。

文章を書いていれば、好調不調の波は必ずやってきます。しかし調子にかかわらず、書くことを諦《あきら》めるわけにはいかない。たとえ気分が乗らなくても原稿に向かうしかありません。

では、書き始めの壁をどのようにしたら克服できるのでしょうか。私の場合、工夫しているのは前日の作業の終え方です。絶好調でいくらでも原稿を書けそうなときも、あえて途中で止めて続きを翌日に残すのです。

文章の書き始めで苦労するのは、前日に思い浮かんでいたことをすべて書いてしまうからです。すべてを書いてしまうと翌日はからっぽの状態から続きを考えざるを得ません。ゼロから文章を生み出すのはエネルギーを要するため、続きを考えることが億劫《おっくう》になってしまいます。

こんな状態を招かないために、前日にすべてを書いてしまわずに、続きの数行を次の日に繰り越してみてはどうでしょうか。翌日は最初に書く数行が決まっているため、最初の難関である「書き始める」というハードルは無理なく越えられます。

前日の繰り越し分を書き終えればまた続きを考える必要に迫られるので、けっきょくは同じという見方もあるでしょう。

しかし最初の一山を越えれば、書き続けていくことはそれほど難しくない。私の経験ではゼロを一にするより、一から二、三と続けていくほうがずっと簡単です。

それでも行き詰まったらどうするか。散歩するなどで気分転換を図る人も多いと思いますが、私はなるべくその手の方法を取らないようにしています。気分転換は問題の先送りになりがち。当たり前のようですが、書けないときも書こうと努力する以外に方法はないように思います。

気分転換だからといって文章から離れてしまうと、エンジンをふたたび回すのに苦労します。散歩に出かけて続きのアイデアがひらめいたとしても、いったんエンジンが冷えてしまっているので帰宅してもすぐに原稿に向かう気がせず、「夕食後にするか」と先延ばしにしてしまう。せっかくのひらめきが、もったいない限りです。

文章に行き詰まって抜け出せないとき、私は別のジャンルの文章を書くことで気分をリフレッシュさせます。小説を書いていて筆が止まってしまったら、エッセイを書いてみる。仕事の報告書を書いて行き詰まったら、別の企画書を書いてみる。

大切なのは書く行為から離れずにいることです。ジャンルは違っても、文章を書くエンジンを温め続ければ次の一行が浮かんでくるように思います。

文は一行目から書かなくていい

書き始めに関する問題が、もう一つ残っていました。最初の一行が決まらずに文章が進まないという問題です。

結論をいうと、最初の一行が書けないならほかのところから書き始めればいい。文章に、最初から順番通りに書かなくてはいけないルールはないのですから。

書けないと悩む人に話を聞くと、文章は一行目からきちんと書くべきものと思い込んでいる人が多いようです。思い込みの元凶は、おそらく学校教育でしょう。

小学校では、作文を書かせるために四〇〇字詰め原稿用紙を児童に配ります。ただ、提出に最低限必要な枚数しか配られないと、児童は下書きなしで書くことになる。最後まで書いてから一行目を書き直すとしたら、文章をすべて消しゴムで消して文頭から書き直さなくてはなりません。それはさすがに面倒なので一行目が書けるまで二行目に手をつけようとしなくなります。

しかし、いまは多くの人がパソコンを使って文章を書く時代です。文の削除や入れかえは自由自在。一行目から書くことにこだわらず、思いつくところから素直に書いていけばいいのです。

私たちは「人間はいつも論理に沿って考えを発展させて、結論に至っている」と勘違いしがちですが、現実は違う。「お腹が空いたからランチを食べよう。今日は寒いので熱いラーメンがいい」というのは筋道の通った考え方ですが、私たちはいつもこのようにメニューを決めているわけではない。「ラーメンを食べたい」という結論が突然思い浮かんだり、ラーメンを食べ終えて温まってから、「そういえば今日は寒かった」と気づくことも多いものです。

人間の思考というのは断片的です。もちろんそれを文章にして伝えるためには一定の秩序を与えることが必要ですが、断片的な思考を頭のなかだけで整理するのは限界があります。

文章というのは何回も見直して推敲《すいこう》しながら完成させていくものです。どうせ後から見直すのだから、一行目にこだわる必要はまったくない。まずは思いつくままアトランダムに書いてみることです。

構成はパズル方式で

文章や小論文の書き方を指南する本を読むと、思いついたところから文章を書いてはいけないと指導するものが多いようです。後で構成をやり直すことになって手間がかかるため、最初に構成をしっかりと固めるべきだ、というわけです。

構成を固めてから書くべきか、書いてから構成を考えるか。私の場合は後者です。すでに指摘したように、人間の思考というのは無秩序で断片的なものです。起承転結の「起」がないのに「結」があったり、なぜか「転」だけがぼんやりと見えることもあります。

たとえばジグソーパズルを組み立てるとき、あらかじめ完成図は示されていても、それぞれのピースがどこに入るかはすぐにつかめません。それでも、色や絵柄で場所の見当がつくピースがある。それらから、まずは手をつけるでしょう。

文章も同じです。完成図を考えるより先にやるべきなのは、頭のなかの言葉のピースを目に見える形にすること、つまり思考の断片の文章化です。

思考の断片を文章にして並べると、「このままでは結論がない」「この要素とあの要素をつなぐには、もう一つ要素が必要かも」というように、いままで見えていなかった全体像や、足りないピースが浮かび上がってきます。緻密《ちみつ》な構成は、この段階になってようやく可能になるのです。私はこれを勝手に「パズル方式」と呼んでいます。

このやり方と同じなのが、プロのシナリオライターが使う「箱書き」という手法です。

映画やテレビドラマでは現在のシーンと回想シーンを交互に挟み込むなど、複雑でダイナミックな構成をよく見かけます。こうした難易度の高い構成を、頭のなかだけで組むのはやはり難しい。そこで思いついたシーンごとにカードに状況設定やセリフを書き、数が溜《た》まったらカードを並べ構成を考えます。並べてみて気に入らなければ、カードを並べかえたりシーンを追加してもいい。並べかえは自由自在です。

私も長文や単行本を書くときは「箱書き」を使います。あるテーマに沿って思いついたことがあると、どこでどのように使うのかわからなくてもカードに文章を書きます。このとき文章には内容がわかるような、簡単なタイトルをつけておきます。

カードが一定数溜まると、本にするために章ごとにまとめます。章の内容があらかじめ決まっているわけではありません。カードを見ながら関連性のあるものをまとめて、同時に章ごとのテーマを決めていく。

この作業の過程で、「二章目は量が足りない。事例を増やそう」「三章目は盛りだくさんでテーマがぶれている。二つの章にわけてさらに掘り下げよう」「二章と三章のつなぎにもう一章必要」と、現時点での課題が浮かび上がり、さらに内容を煮詰めることができる。

反対に、最初に構成を固めすぎると、後からの大胆な変更は加えづらくなります。想定した域を出ないということは、構成に縛られて内容が窮屈になったり、よい意味の裏切りがない凡庸な作品になりがちです。

よい作品は、書きながらも進化を続けていくものです。フィクションや自伝などは、書きながら構成を考えていくほうが、可能性が広がることがあります。

逆接以外の接続詞を外す

構成に関連して、接続詞についても考えてみましょう。

自分の書いた文章を読み直すと、どうも冗長で締まりがない。そう感じたときは接続詞を切り落としてください。接続詞の「そして」「また」「だから」を省いただけで、文章がシャープになることがあります。

構成のしっかりした、よく練られた文章には接続詞は少ないものです。

一文ごとに書かれている内容が明確で、それらが適切な順番に並んでいれば、接続詞で文と文との関係を示さなくても意味が通ります。「雨が降った。だから傘を差した」ではなく、「雨が降ってきた。傘を差した」で十分です。

ほとんどの接続詞は機械的に削ってしまっても問題ありません。注意が必要なのは逆接の「しかし」「ところが」「～が」でしょうか。逆接の接続詞は前の文と正反対の文をつなぐときに使われます。不用意に抜いてしまうと読み手が混乱します。

ただし、必要に思える逆接の接続詞も一度は抜いて、文章を読み直すことをおすすめします。

よく見かけるのが、逆接になっていない「～が」です。

「前回のレポートをじっくり読みましたが、興味深い内容です」

この「〜が」は、単純に時系列で文をつなげているだけで、本来なら不要です。

次のように書くのはどうでしょう。

「前回のレポートをじっくり読みました。興味深い内容です」

これで意味は通じます。というより、シャープで力強い印象がでます。

最近、違和感を抱くのは、逆接になっていない「でも」「逆に」です。先日、電車のなかで学生数人が旅行の計画について話しているのを聞きました。

「こんどは北海道に行こうよ」

「逆に東北は？」

いったい何が逆なのか。思わず耳を疑いましたが、そのまま会話は続いていました。

このような経験は一度や二度ではありません。若い人の間では、「でも」「逆に」が、文脈とは関係なく使われているようです。

「全然よかった」は正しいか

「昨日は熱が出たけど、もう全然平気だから」

「評判のレストランに行ったけど、全然おいしかったよ」

この表現に違和感を抱く人は、いまどれくらいいるのでしょうか。私より上の世代なら、かなりの人が「日本語として間違っている」と思うでしょう。一方、若い世代は何の疑問も抱かず受け流すかもしれません。

何が間違いなのかわからない人のために、簡単に解説しておきましょう。

「全然」は通常は、物事を否定するときの副詞として使います。「全然～ない」のように否定表現とセットで使います。「全然平気」「全然おいしかった」のように肯定表現で受けるのは誤用です。

ただ誤用とはいえ、言葉は時代とともに変化するものです。誤用とされていた表現が普及して定着した例はいろいろあります。

たとえば「だらしない」は、江戸時代まで「しだらない」でした。「しだり」は「しまり」という意味で、現在も「不《ふ》しだら」という表現に残っています。一方、「しだらない」は、江戸時代に音節変化が起きて「だらしない」になった。

「全然」という表現も、今後は誤用のほうが普及する可能性があります。

ただし、書き手としてこの言葉を使う場合はどうでしょうか。

意味は通じるかもしれませんが、「誤用で気持ちが悪い」と感じる人が大勢いる現状を考えると、やはり避けたほうがよい表現に思えます。

ほかにも首をかしげたくなる表現はあります。

たとえば次の表現はどうでしょうか。

「この作品は、彼が遺した作品のなかで最も優れたものの一つです」

論理的に同率一位はあり得ますが、第一位が複数あるのはやはり不自然ですし、文全体があいまいになります。英語を翻訳した文章などで見かけますが、日本語としては違和感を覚えます。

普段から言葉の使い方について意識をしていないと、いつのまにか誤った使い方が身について、それが文章にも表れます。文章に使われる言葉に教科書的なルールはありませんが、読み手への気づかいはなくしてはいけない。

書き手として言葉を発するときは、より自覚が必要ではないかと思います。

自分の文章のリズムを知る

文章は音楽に似たところがあります。

リズムが単調な音楽を聞くとしだいに眠くなるように、文章も読み進めるうちに退屈さを感じます。頭にも残りにくく、読後の印象も薄くなる。あまり意識されませんが、リズムは文章を読み手にきちんと届けるための重要な要素です。

リズムをつくるのに、最も影響を与えるのはセンテンスの長さでしょう。

名文と呼ばれる文章を見ても、センテンスの長さは意外にバラバラです。ただし、「短い、長い、長い」「短い、短い、短い、長い」というように、一定のパターンが繰り返されているものが多い。

一般的にはセンテンスは短いほうが歯切れがよくて読みやすいといわれますが、短いセンテンスも同じ長さで何度も重ねたら、お経のような単調さが出て退屈な文章になります。

ワルツが「ワン、ツー、スリー」と繰り返してリズムを生み出すように、文章も長さの異なるセンテンスの組み合わせでリズムがつくられるように感じます。

センテンスの長さを決めるのは句点「。」です。句点でセンテンスの長短のリズムをつけることができます。

センテンスの長さと同様に気をつけたいのが読点「、」です。同じ一文でも読点を打つ位置によって息の継ぎ方が変わり、そこから生まれるリズムに影響が出ます。

では、どこに読点を打てばリズムがよくなるのか。

たとえば「しかし彼は傘をさそうとしなかった」というセンテンスに読点を一つ打つとします。

「しかし、彼は傘をさそうとしなかった」

「しかし彼は、傘をさそうとしなかった」

これはどちらも問題なしです。また次のようにもできます。

「しかし彼は傘をさそうとしなかった」

この程度の長さなら読点を打たずに一気に読ませたいと考える書き手もいます。

私の場合は「しかし彼は、」のパターンを多用します。なぜかというと、音読すると一番読みやすいからです。読点の打ち方は身体的、生理的なものであり、どれが自分にとって心地よいかが大事です。

そう考えると、文章から生み出されるリズムは書き手そのものといえます。基本的にワルツのリズムが染みついている書き手は、文章がワルツのリズムを刻むし、エイトビートな書き手はエイトビートになる。

しかし、放っておいても自分なりのリズムが表れるのだから、書くときに意識する必要はないのかというと、それもまた違います。無自覚に書いていいというわけではない。私はつねに、自分のリズムを意識しながら文章を書くようにしています。

リズムが無秩序な文章は、やはり読みづらいものです。ワルツであれロックであれ前衛的なジャズであれ、自分のリズムを意識して句読点を打っていく。それが読み手を引き込むための必須《ひっす》条件でしょう。

文章のリズムについて、もう少し考えてみましょう。

以前、コーヒーについて書かれた文章を読んで残念に感じたことがありました。「香りから推測すると、豆はコロンビアだと睨《にら》んでいる」といった一文のほんの数行後に、また「この酸味からキリマンジャロだと睨んでいる」という似たような一文が出てきたのです。

「と睨んでいる」という表現は、読み手に強い印象を残します。ですから最初の「睨んでいる」で私も文章に引き寄せられました。ところが非常に近い場所で同じ強いフレーズを使ったために、効果が倍増するどころか相殺されてしまった。

単独ならインパクトのある表現も、同じ文章のなかで繰り返し使うと、リズムが単調になって効果が薄れます。とくに注意したいのは語尾です。

「Aには気をつけよう。
Bにも気をつけよう。
さらにCにも気をつけよう」

これではＡＢＣのどれに対しても気をつけようとは思わないでしょう。

こうした場合は、語尾に変化をつけます。

「Ａには気をつけよう。

Ｂにも注意したい。

さらにＣにも気を配るべきだ」

このように語尾を変えただけで全体にリズム感が出て、先ほどより文の内容が頭に入る気がしませんか。私の場合、三回同じ語尾が続いたら、うち一回は語尾を変えられないかを考えてみることにしています。

別の語尾を思いつかないときには、主部と述部をひっくり返すという簡単なやり方もあります。

たとえば「気をつけよう」「注意したい」以外のいい方が思いつかないときは、「さらに注意したいのは」の形で述部を文頭にもってきて、主部と述部を入れかえるのです。そうすると必然的に述部は「Ｃである」となって変化がつきます。

鬱、薔薇……難しい漢字は記号にすぎない

文章の読みやすさということで、漢字とひらがなの配分にも触れたいと思います。手書きからワープロソフトの時代になって、「漢字を忘れた」「漢字を書けなくなった」という声を聞きます。書けない漢字が増えたのは、手書きが減ったことが原因です。

しかし、書けない漢字が増えてきたと感じるのは、もう一つ別の原因が考えられます。これまでひらがなやカタカナで書いていたような言葉を、簡単に漢字に変換できるようになったことも大きいのです。

代表例が「薔薇」や「鬱」です。これらの言葉は「ばら（バラ）」「うつ」と表記される場合が多く、そもそも漢字で書くほうが少なかった。シューベルトの歌曲は『野ばら』でしたし、一九七〇年代にヒットして社会現象化した池田理代子の漫画は『ベルサイユのばら』でした。

ところがいまやワープロソフトで漢字表記が簡単にできるようになり、「ばら」や「うつ」も「薔薇」「鬱」と表すケースが増えてきました。「薔薇」や「鬱」などの使用頻度が比較的少ない言葉だけではありません。

手紙の時代は「ごぶさたしています」や「よろしくお願いいたします」が一般的でしたが、メールでは平気で「ご無沙汰しています」「宜しくお願い致します」と書いてくる。このようにいままでひらがなで馴染《なじ》んでいた言葉が漢字化されれば、手書きで書けない漢字が増えたと感じるのも当然です。

読むことはできても書けないような漢字は、もはや一種の記号といっていいかもしれません。メールなどで使われる絵文字や顔文字と同じで、書けなくてもソフトが変換してくれるので便利だ。その程度の気安さで使われているのが実態でしょう。

私は、漢字はなるべくひらがなに「ひらいた」ほうがいいと思っています。基本的にひらがなが中心で、そのなかに漢字がぽつりぽつりとまじるバランスが理想的ではないでしょうか。

ワープロソフトの変換機能に慣れてしまうと、漢字だらけの文章になってもそのまま仕上げてしまいがちです。

そこで、ひらがなだらけでもかまわず、どんどん文章をつくっていく。もしかすると、小学校低学年の作文のように、読みづらいものになるかもしれません。そこから「読みやすくする」ために少しずつ漢字に直していきます。

こうした作業を続けていくと、ワープロソフトがあなたの表記のクセを覚えてくれます。やがて漢字とひらがなのバランスのいい変換になっていくでしょう。

よく使う言葉についてはあらかじめ表記を決めておくことも大切です。

私の場合は、「私」は漢字、「ぼく」はひらがな、「いま」はひらがな、というように自分のスタイルを固めています。ですから私の使っているワープロソフトで「ぼく」と入力すれば、「僕」ではなく「ぼく」が最初の変換候補として表示されます。

漢字にするかひらがなにするかに、明確な基準があるわけではありません。

一人称の「私」は漢字で、「ぼく」はひらがな。この場合の違いを説明しろといわれても難しい。それが最も自分らしく、読み手にも届きやすいはずだから、としかいえません。

たとえば「いま」の場合は、「いま東京から」「いま起きた」というように「いま」の直後に漢字が続くケースがよくあります。

このとき「今東京から」「今起きた」だと、漢字が連続して読みづらい。読みやすいように「今、東京から」「今、起きた」と読点を入れる方法もありますが、読点を入れると今度は文章のリズムが変わってしまいます。反対に、「いまぼくは」と書くときは、「今ぼくは」にします。かなが続きすぎないように読みやすさを優先し例外を認めます。

自分の心地よいリズムで書き、同時に読みやすさを求めて、臨機応変を心がけているわけです。

当然、意識的に同じ言葉の表記を変えることもあります。あまりに漢字が続くと、その行に使うときだけはひらがなにしたりということもあるのです。

肝心なのは、ワープロソフトの変換機能まかせにするのではなく、表記を意識的に使いわけていくことでしょう。

短い文章には「メイン料理」だけを選ぶ

英文学者の外山滋比古先生が、新聞のコラム（日本経済新聞／二〇一〇年一〇月二四日「日本語の散歩道」）で、アメリカ合衆国の第二八代大統領トーマス・ウィルソンのエピソードを紹介していました。あるときウィルソンは「ちょっとひとことを」とスピーチを頼まれて、次のように切り返したそうです。

「一時間の講演なら、すぐにでも始められますが、三分間のスピーチとなると、一晩は考えないといけません」

これは相手を傷つけない秀逸な断り方であると同時に、表現という行為の核心をついた名言だと思います。表現は、短いから簡単にできるというものではありません。むしろその逆で、短く伝えなくてはいけないときほど手間がかかるものです。

文章も同様です。四〇〇字詰め原稿用紙一〇枚の長めのエッセイを書くのに五時間かかるとしましょう。

文章量とそれを書くのに要する時間が比例するなら、原稿用紙二枚の短めのエッセイは約五分の一の一時間前後で書ける計算になります。しかし一時間程度でさっと書き上げたエッセイは、どうも中身が薄っぺらでつまらない。

少なくとも自分が読んでもおもしろいものを書こうと思えば、原稿用紙二枚でも一〇枚書くのと変わらないくらいの時間がかかるものです。

長いから難しい、短いから簡単というわけではありません。

長文の場合は、内容の密度に部分部分で濃淡が生まれます。むしろ濃淡が必要といっていい。しかし短文では濃淡を出すような余裕はありません。読み手に印象を残すためには、コース料理を一皿で表現するくらいのつもりで中身をぎゅっと凝縮したほうがいい。

こういうと勘違いする人がいます。短い文章に、あれもこれも盛り込もうとして失敗する。前菜からデザートまで少しずつ盛ると、内容が詰まりすぎて読みにくいものになりがちです。

短い文章にはメイン料理だけを選んで書くといいでしょう。どこがメインなのかを明確にして、それだけを書くようにする。つまり残りはゴミ箱へ捨てるのです。こうした過程を経るからこそ、短い文章でもそれなりの時間と労力が必要なのです。

考えてみてください。世界で最も短い文学作品といわれている俳句は、五・七・五の計一七文字です。

たったそれだけの文字数で人の心を揺り動かすのは、一冊の小説に匹敵するような世界観が一句のなかに凝縮されているからです。その句を生み出すために、俳人はとてつもない時間をかけて言葉を選びます。

長い文章と短い文章のどちらが大変か。私の感覚でいうと難しいのは短い文章です。短い文章ほど自分の文章力が試される、と思っていいでしょう。

実は、削る力が重要である

文章力とは、文章を「書く力」だけを指すのではありません。実は書く力と同じくらい、文章を「削る力」が重要です。

削り方はいろいろあります。一般的なのは、推敲《すいこう》しながら冗長な表現を直したり、過剰な装飾語を取り除いて文字を詰めていくやり方です。

先にも触れたように、このとき同時に接続詞もチェックするといいでしょう。逆接の「しかし」「でも」など以外の接続詞はなくても意味が通じる場合が多いので、思い切って削ります。こうやって推敲作業を行うことで、贅肉《ぜいにく》が削ぎ落とされてシャープな印象を与えることができます。

ただし、表現を直したり言葉を削って文を短くするやり方には限界があります。この方法で短くできるのは、せいぜい数行程度。実質的には微調整の範囲です。

一方、要素を段落ごとばっさり削り落とすやり方があります。

これを「ハコ」で落とすと呼んだりします。

ある主張を裏づけるために複数の事例を紹介しているケースであれば、一つか二つを残して、ほかを丸ごと落とします。この場合の事例はあくまでも肉づけなので、一部を削ったところで論旨に影響はありません。むしろ説明過剰でくどくなっていた部分がすっきりとして、主張がストレートに伝わることもあるでしょう。

小説などのフィクションでは、シーンを落とすだけでなく、ときには登場人物まで削ることもあります。

私が過去に原稿用紙四〇〇枚の作品を二〇〇枚に縮めたときは、登場人物を何人か削って最初から書き直しました。自分が生み出した人物を作品世界から消すのは勇気がいりました。しかし、登場人物を絞り込んだことで一人一人のキャラクターをしっかりと書き込むことができ、結果的に満足のいく作品になったと思います。

「余談だが」「ちなみに」は使わない

どの要素を落とせばいいのかわからない、迷うという人は、各段落の書き出しをチェックしてみてください。「余談だが」「ちなみに」などのフレーズで始まる段落があれば、丸ごと削っても大丈夫です。その反対に「閑話休題」（＝それはさておき）の前の文章も、本当に必要かどうか考えなくてはいけません。

「余談だが」という言葉が如実に表しているように、これらの言葉で始まる部分は余った話、つまりサイドストーリーです。削っても本題が直接影響を受けることはありません。むしろ、本題のストーリーの流れや論理展開を途切れさせる邪魔な存在である場合が少なくありません。話が脱線すると緊張感がなくなるので、落とすほうがいいかもしれません。

邪魔になるだけなのに、書き手はどうして話を脱線させるのか。少々厳しい言い方をすれば、それは内容の展開に自信がないからかもしれません。中身が薄いから、サイドストーリーを付け加えて何とか中身を厚く見せようとしたり、構成が練れていないケースも少なくないようです。

しかし、こうした安易なやり方をしていてはいつまでたっても文章はうまくなりません。その点からもむやみな脱線は慎むほうがいい。

「余談だが」に関しては、このフレーズを多用した作家、司馬遼太郎の影響も無視できないでしょう。司馬の歴史小説やエッセイには、「余談だが」というフレーズがたびたび登場します。「余談」とはいえ、豊富な知識に基づいたその内容は、独立した読み物としても読み手を惹《ひ》きつける力がありました。また単なるサイドストーリーのように見えて、実は後に続く伏線だったことも珍しくありません。「司馬作品は余談のほうがおもしろい」という人もいたくらいです。

まずは書きたい要素を盛り込んでから

どうせ後で削るのなら、最初から不要な部分を書かなければいいのではないか。

効率が優先される最近の傾向を考えると、そうした疑問をもつ人がいたとしてもおかしくありません。

もちろん、執筆前に明らかにこれは余計だとわかるなら、たしかにその部分を書く必要はないでしょう。文章量をかせぐために言葉を連ねるというのはいけません。

一方、書きたいことがあるにもかかわらず、内容や構成上、迷いがあって一時保留にしているのもよくありません。結果的に後で削ることになっても、ひとまず文章のなかに盛り込んでみましょう。

私は新聞で八〇〇字のエッセイを連載しています。八〇〇字で入れ込めるネタは、平均すると二つか、多くても三つです。書きたいことが四つや五つも出てきたときは、構成の段階で要素を絞ります。悩ましいのはそのうちの一つか二つを切り出せばエッセイがもう一本書けるので、「ここですべて使うのはもったいない」と出し惜しみする誘惑に駆られるときです。

要素を出し尽くさずもう一本書くか、それとも一回の原稿で使い切るか。これはどちらが正解とはいえず、難しいところですが、中身を分割して二本書こうとすると、二つとも薄くなってしまうかもしれません。

二兎《にと》を追うものは一兎をも得ず。次の原稿のことは考えず、目の前の原稿の完成度を高めることに注力したほうがいいでしょう。

推敲の結果、内容を詰め込みすぎと思えば、そこで初めて削ります。最終的に使わない部分が出てきても、身を切る思いで削った文章と、最初から要領よくやろうとして書いた文章では、文の強さ、迫力が違います。

一気に「持ちネタ」を使い切ってしまうと、次の原稿で困るのでは？　と考える人もいるでしょう。

冷たいようですが、困っていいのです。書きたいことがなければ、新たにネタを探そうと周囲を観察したり、やっと見つけた小さなネタを掘り下げるために思考をめぐらせるものです。ネタを出し惜しみして楽をするより、書きたいことを死にものぐるいで探すほうが視点の鋭い、深みのある文章を書けるようになります。

ヒッチコックはこうしてアイデアを捨てた

削るということに関連して、アイデアを捨てる勇気についても触れたいと思います。

映画監督のアルフレッド・ヒッチコックは、映画の冒頭で次のようなシーンを撮ろうとしたそうです。

オートメーションで動く自動車工場。主人公が工場長と話しながら組み立てラインに沿って歩いている。横では車台だけだった自動車が流れ作業で完成。最後に工場長が車に向き直ってドアを開けると、なかから死体が転がり落ちてくる……。

この間、撮影はワンショット。ならばいったい死体はどこからきたのかと、観客は一気に映画の世界に引き込まれる。まさにヒッチコックらしい冴《さ》えた演出です。

ところがけっきょく、このシーンは撮影されませんでした。アイデアはよかったものの、シーンから先に話が広がらず、泣く泣く捨てたのです。

小説やノンフィクションでも、着想はいいのに作品として実を結びそうにないという事態に見舞われることがあります。このとき書き手が抱く「せっかく思いついたのだから何とか形にしたい」という気持ちは痛いほどわかります。

アイデアが加速度的に転がっていくときは放っておいてもいい作品になります。しかし、そうでない場合は、執着しても形にならないものです。一定の期間を経て花開くこともありますが、ヒッチコックのようにどこかで自分のアイデアに見切りをつける冷徹さも求められるでしょう。

自分の着想を大切にする一方で、行き詰まりを感じたら執着しないで切り捨てる。文章にも〝勇気ある撤退〟が必要なことを覚えておきましょう。

第3章
名文の条件とは何か

名文かどうかは、風景描写でわかる

名文の条件とは何か。一筋縄ではいかない難しいテーマです。ここではとっかかりとして、風景を描写する文章について考えたいと思います。

なぜ風景描写に着目するのか。

風景描写には書き手の力量が如実に表れるからです。それは実に難しいものです。よく見かけるのは、「正面に森があって、手前には川が流れ、上流のほうに古びた橋がかかっている」と、目に映ったものをそのまま羅列《られつ》するやり方です。しかしこれは凡庸でおもしろくない。風景のなかの配置関係は理解できても、心に伝わってくるものがありません。

ではすぐれた書き手は風景をどのように描写するのか。例として、長谷川四郎の「鶴」という短編小説を紹介しましょう。

長谷川四郎は第二次世界大戦が終わる少し前に軍に召集され、満州とソ連の国境の監視哨《かんししょう》に配属されました。終戦後はシベリア抑留の経験もあります。

代表作の一つである「鶴」は、国境の監視哨で見張りをしていたときの経験に基づいて書かれた作品です。主人公の兵隊が来る日も来る日も望遠鏡から眺め続けた北の大地の風景を、長谷川四郎はこのように書きました。

「しかしそこに見えるものは、朝まだき光を浴びて、あるいは風にそよぐアシであり、あるいは横たわっている岩石であり、あるいは太陽の細長い影を斜《なな》めに描いている一本の樹木であり、あるいは雨に崩《くず》れた土くれであり、あるいはわずかに隆起《りゅうき》した地面であり、あるいは、さっきまで朝霧に蔽《おお》われていたが、今は晴れわたり、やがて真昼ともなると雲が影を落して通り過ぎるでもあろう、あの一面に草の生えたなだらかな緑の斜面だった」（「鶴」ちくま日本文学全集所収／長谷川四郎／筑摩書房）

この描写の前半部分は、目に見たままを写実的に表現しています。いわばスチール写真のような静的な描写です。ところが後半の斜面の説明では、「朝霧に蔽われていた」「今は晴れわたり」「真昼ともなると雲が影を落して」と時間の経過が描写されることで絵に動きが出てきます。時間軸が加わることによって、平面ののっぺりとした風景画が立体感を伴った映像へと変わり、臨場感を帯びていく。私はこれを名文と考えますが、いかがでしょうか。

望遠鏡から見える荒野の描写は、さらに続きます。

「このように、それはいかにも人気《ひとけ》ない風景ではあったが、しかしそこには幾《いく》つかの小路が通っていることを、兵隊は知っていた。なぜなら、ときおり、岡と岡の間をぬって一台の馬車が現われて来て、そしてまた岡と岡の間へ入って行ったからである。また時には山羊《やぎ》や馬の群をつれた女や少年の姿が見えることもあったが、それはほんのつかの間のことで、彼らはたちまち舞台裏へ姿を消してしまうのだった」(同)

ここでは時間の経過がさらに効果的に使われています。馬車や人がフレームインして、また静かに消えていく。たったそれだけの動きを入れ込むことで、兵隊には直接見えていないはずの小路の風景まで、読み手のなかに浮かび上がってくる気がしませんか。

見たままを説明的に描くだけの描写は、どこか退屈な印象を与えるものです。

しかし上手な書き手は、時間の経過や動きを同時に描いて、そこに何があるかという事実だけでなく、その場の空気感も一緒に伝える。

それがいい文体というものです。

風景を動的に描写したいが、都合よく変化が起きなかったり、物語の設定上、動きのない風景を描写しなければいけない場合もあるでしょう。そのときは風景ではなく、視点を動かせばいい。つまり対象に近づいたり、別の角度から観察することで動きをつけるのです。

たとえば川辺にある一軒の小屋を描くとします。例文をつくってみました。

「土手の向こうは畑になっていた。その真ん中に小屋があった。古くて所々が傷んでいた。裏手に牛が一頭つながれていた。小屋にだれかいるのだろうか」

平板な味気ない描写です。

これに主人公の動きによる視覚の変化を加えてみます。

「土手をこえると、古びた小屋が畑のなかにあらわれた。近づいてみると、扉の蝶《ちょう》番《つがい》は錆《さ》びきっていて、地面から板壁をはいのぼるように緑色のコケが張りついていた。おそるおそる裏手にまわると、そこに一頭の牛が忽然《こつぜん》とあらわれ、こちらをにらんでいる。私は息を止めて耳を澄ました。なかに、だれかいるのだろうか」

いかがでしょうか。視覚の変化を入れると、主人公の心理も書き手のなかに自然に立ち上がってきます。字数が多くなったのはそのためです。

前者のように一枚の絵を描写したような平淡な表現だと、ライブ感や描写の広がりを出すことは難しいように思います。

文章のスタイルはジャンルによって異なるかもしれません。ただ、少なくとも目に映ったものを並べただけの説明的な文章では人におもしろく伝わらない。それだけは間違いないでしょう。

小説の会話の書き方をどうするか

風景描写に限らず、説明的な文章はつまらないものです。それは小説のなかの会話文も同じです。

たとえば次のような会話文を目にしたことはないでしょうか。

「おかえりなさい、あなた。そういえば最近、お義母《かあ》さまが元気ないのよ。昨年お義《と》父《う》さまがガンで亡くなってから、あまり出歩かなくなってしまったし。たまにはお義母さまをどこかにお連れしたら？」

「ぼくが仕事で寝る間もないほど忙しいことは、妻のきみが一番よくわかっているじゃないか。それにいまは、一人息子の健太が中学受験を控えた大事な時期だ。時間に余裕があれば、健太の勉強をみてやりたいくらいだよ」

この会話文を読めば、家族構成やそれぞれが置かれている状況が簡単に把握できます。しかし毎日顔を合わせている夫婦の会話としては、説明が過剰でいかにも不自然。どこか白々しさも漂って興ざめです。

この例文を読んで、TBSの人気ドラマシリーズ『渡る世間は鬼ばかり』を思い浮かべた人は多いかもしれません。

『渡る世間は鬼ばかり』の脚本を担当する橋田壽賀子は、長ゼリフで有名な脚本家です。ドラマの登場人物も、自分が置かれた状況やそれに対する心理状態まで、事細かに語ります。

実をいうと先の例文は橋田ドラマをイメージしてつくりました。

誤解を招かないようにいっておきますが、橋田壽賀子が役者に長ゼリフで場面を説明させたのには理由があると思います。

放映時間は夜九時からで、夕食後に洗いものをしている主婦も多い時間帯。片づけをしながらではテレビ画面に集中できませんが、説明的なセリフのおかげで、耳で聞いているだけでも進行がわかる。現代のような「ながら視聴」が少なくない時代では、橋田流のセリフ回しは最適だったわけです。

ただ、あのセリフがそのまま文章になるとしたらどうでしょうか。

説明的でわかりやすいかもしれませんが、わかりやすいこととおもしろいことは別の話です。むしろ状況や心情を事細かに説明するほど、読み手の想像をふくらませる楽しみが奪われて、作品として深みがなくなっていく気がします。

ティーンエイジャー向け小説のある担当編集者は、「少女は、泣いた」という文章を「少女は、悲しくて泣いた」と書き直すそうです。

前後の文脈から、どうして泣いたのかを想像することが小説の醍醐味《だいごみ》なのに、その楽しみを奪い、説明を加える。わざわざ「悲しくて」を追加するのは、感情を表す言葉がないと、うれしくて泣いたのか、悲しくて泣いたのかが理解できずに読者が迷うからだとか。しかも、そのほうが読者受けするそうです。

私が説明的な文章に退屈さを感じる理由は、この説明くささにあります。小説やエッセイ、詩といったジャンルを問わず、説明が過剰な文章は読み手が解釈する自由度が少なく、窮屈さを感じさせます。

ツアーガイドがすべてお膳立《ぜんだ》てしてくれるパッケージツアーは安全、安心でそれなりに楽しめます。しかし、どこかで思いがけない出会いや発見があるかもしれないという期待感も少ないものです。

説明過剰な文章からは、それと同じ印象を受けるのです。

逆にいうと、読み手側に想像力を発揮する余地を残すのがよい文章だといえます。伝えたいことがあっても、あえてすべてを説明せず、最後は読み手にゆだねる。その懐の大きさが作品に深みを与えるのではないでしょうか。

もちろんこれにはバランスが大切です。何の説明もせずに断片的に言葉を投げかけただけの文章では、読み手がいくら想像力で補おうとしても追いつきません。

いかに説明しすぎずに、説明するか。

この矛盾する二つの命題を絶妙なバランスで満たす文章が、読者との距離感がとれた文章といえるのかもしれません。

著者の顔が見えるのは、つまりはダメな作品

二〇代の男女を主人公とした現代小説を読んでいて、首をかしげるような表現に出くわしました。

金持ちの男性が女性に向かって、

「おまえには豪華な自動車が似合う」

と囁《ささや》くシーン。

いまどき若い男性が日常会話で「自動車」といった言葉を口にするでしょうか。

いったい、この作品の書き手は何歳なのか。

作品を読んでいる途中ずっと、私は書き手の年齢が気になってしかたがありませんでした。最悪です。

なぜ著者のことが気になるとダメなのか。

逆を考えればわかります。

作品の世界に入り込んでいるときは、書き手の存在など一切気にならないものです。

別のいい方をすれば、読んでいる途中に著者の顔がチラつき始めたということは、作品に魅力がないことの裏返しです。

けっきょく、私は最後まで小説の中身に集中することができませんでした。

反対に、こんな場合はどうでしょうか。

「作者はどのようなバックグラウンドをもってこの切り口を見つけたのか」

「前作に比べてスケールアップしている。どういう心境の変化があったのか」

これらはよい意味で著者に注目している例です。たしかに読後であれば、このような感想をもたれることは作家冥利《みょうり》に尽きるといえるかもしれませんね。

多くの読者は、おもしろい作品に出合ったときは作品の世界に引き込まれ、著者の意図などまったく気にせず勝手に読み進むものです。著者の存在を踏まえて作品を評価したり分析するのは、作品を読み終えたあとでいい。

途中で著者の顔が見える作品は、読み手を最後まで引っ張る力がなかった。つまりはダメな作品と判断していいでしょう。

つくり話こそ、小道具が必要

フィクションにしろノンフィクションにしろ、作品を書くときには取材がつきものです。つくり話なのだからフィクションには取材は必要ないと勘違いされがちですが、つくり話だからこそリアリティーを出すための小道具が求められます。

たとえば私が「運転士」という小説を書く前には、実際の運転士に次のようなインタビューを行いました。

「今日の勤務は何時から何時までですか？」

「敬礼は、どこでどのタイミングでやるのですか？」

「いまもっている鞄《かばん》には何が入っていますか？」

フィクションの場合は、このように具体的なディテールを中心に質問して、作品に使う道具立てを整えていくわけです。

一方、ノンフィクションを書こうとする場合、質問の内容は違ってきます。

事実関係の質問もしますが、ノンフィクションではむしろ知りたいのは内面のほうです。フィクションのように内面をつくることができないからです。

たとえば、

「なぜ運転士になろうと思ったのですか？」

というように心のうちを聞いていくわけです。

どちらにしても書き手には、書く力と同時に質問する力が必要です。

ところが残念なことに、日本人にはインタビューが苦手な人が多いようです。これは自分が取材をされる側になって初めて気づいたことですが、次のような形で質問する人がやたらと目立ちます。

「今回の作品は○○がテーマですね」

これでは質問といえず、ただの感想です。思わず「だから何？」と聞きたくなりますが、相手はこれで質問をしたつもりになっている。

スポーツの勝利インタビューでも同様の質問をよく見かけます。

「すばらしいゴールでしたね」

「惜しい試合でしたが」

このようなインタビュアーに対して「それで？」と聞き返し、態度が悪いと批判された選手もいました。しかし、選手を批判するのは筋違い。単なる感想を質問の形で投げかける質問者のほうが悪いのです。

では、いったいどのような質問であればいいのでしょうか。

三〇年近く前、経済誌のベテラン編集者と一緒に、外資系たばこ会社の外国人社長に取材をしたことがあります。私はキャリアがまだ浅く、いきなり次のような質問をして場を凍らせてしまった。

「たばこは健康に悪いと考える人が増えていますね」

これは単なる感想であり、しかも相手の機嫌を損ねる恐れがある際どい内容です。案の定、気まずい沈黙が流れました。

そこで場の空気を変えるために、とっさに編集者が「ところで今年の売上目標はいくらですか？」と尋ねました。経営者にとっては十八番ともいえる答えやすい質問です。社長は何事もなかったかのように笑顔を見せ、すらすらと返答。その流れでインタビューを続け、何とか取材を終わらせることができました。

つまり相手から適切な答えを引き出すためには、最後に「？」（クエスチョンマーク）をつけた形で聞く必要がある。さらに5W1H（誰が、何を、いつ、どこで、なぜ、どのように）の形で質問が具体的になっていれば理想です。

ときには、こんな手法で切り込む

答えを引き出すためには、ときにはこんな手法もあります。

売上が落ちていることがわかっているのに、それについて社長に質問しなければならないとします。

取材相手は生身の人間です。いつも気持ちよく質問に答えてくれるとは限りません。

おそらく私ならこう聞きます。

「競合のA社は大変厳しい決算だと聞いています。御社はいかがですか？」

業績の悪い他社を引き合いに出すことで、相手も答えやすくなると思うからです。

あるいは次のように聞いてもいい。

「今年は厳しいと聞いています。来期に向けて、どのような戦略をおもちですか？」

これに対する答えは前向きなものが予想されます。反省の弁を述べるより、ずっと答えやすいと思われるからです。

一方で、相手の顔色を見て質問を控えてしまうインタビュアーというのもいます。相手が答えづらい質問は、こちらも聞きづらいものです。しかしそこをあえて切り込む必要があります。そのようなとき私がよく使っていたのは、メモ作戦です。

質問をあらかじめメモ用紙に書いておき、そこに視線を落としたまま事務的に読み上げるのです。あるいは実際には書いていなくても、書いてあるふりをするだけでもいい。これなら相手と視線が絡《から》むことはなく、プレッシャーも受けづらい。

さらには、あらかじめ用意された質問であり、相手を困らせるために聞いているわけではないのだという演出にもなります。

「若者よ、海外旅行をせよ」の違和感

少し前、たまたま出合ったブログの文章に違和感を抱きました。

文章の趣旨は、「若者よ、海外旅行をせよ」。海外旅行者数のデータを引きながら、最近の日本の若者は内向き志向が強く、海外に飛び出す積極性がないことについての内容でした。

内容に間違いがあったわけではありません。にもかかわらず、なぜこの主張に首をひねらざるを得なかったのか。実は私も、若者が海外に行かないというテーマでエッセイを書こうとしたことがありました。

けっきょく私は、このテーマで書くことを諦《あきら》めています。なぜならその時点で、すでに多くの人が若者の内向き志向を指摘していたからです。

書き手にとっては、テーマ選びも文章術のうち。多くの人がすでに取り上げているテーマは、私にとって魅力的なものではありませんでした。

ところがブロガーは、あえて使い古されたテーマで文章を書いた。

使い古されたテーマでも、問題がさらに深刻化していたり、いっこうに改善の兆しが見られなければ、あらためて取り上げる意味はあるでしょう。しかし内容も、以前

によく見かけた文章の焼き直しで、「いまの若者にはチャレンジ精神がない」という紋切り型の考察に終始していました。

もし、いまこのテーマで書くなら、雇用環境の悪化によって、最近の若者は海外旅行どころか、レジャーにお金を使う余裕がないことに触れざるを得ないでしょう。あるいはテクノロジーの進歩といったまったく別の角度から、インターネットサービスが普及することで、現地に行かずとも海外旅行を疑似体験しやすくなったと分析してもよかった。

若者には、積極的に海外に行って見聞を広げてほしい。それは、誰にだってわかっています。

読み手が知りたいのは、そこから一段掘り下げた話です。なぜ若者は海外に行かないのか、あるいは行けないのか。そういった考察を抜きにして精神論レベルの主張をぶつけられても、読み手の心に響きません。

たまたまブログ記事を槍玉《やりだま》に挙げましたが、この手の〝無神経な正論〟を前面に押し出した文章をたまに見かけます。しかし正論だからといって説得力があるわけではありません。むしろ正論を振りかざした文章からは、中身の薄さや底の浅さを感じることのほうが多いものです。

なぜ共感を呼ばないのか。それはおそらく自分の言葉で文章を綴《つづ》っていないからだと思います。

若者が海外に行かないという問題を先入観をもつことなくゼロから考えようという態度があれば、原因についてのその人なりの考察がなされて、文章にも説得力が出てくるものです。一方、「みんながこういっているから乗っかっておこう」「こう書いておけばみんな共感するだろう」という落としどころが先にある文章は、そこに当てはめるようにして言葉を探すから、借り物のにおいが漂って説得力を失うのではないでしょうか。

その結果、読み手に響かない文章ができあがってしまうわけです。

読み手を引きつけて納得させる文章を書こうと思うなら、自分の頭で考えることを意識することです。

みんながどう考えているのか、こういったらみんなはどう受け止めるのかはひとまず脇に置き、自分はどう思うのかに焦点を当てて、じっくり思索を深める。思索を深めることで、問題意識も一段と高くなります。

ユニークな視点やその人独自の思考を経て、自力でつくりあげた言葉は、どこかで耳にしたありきたりのフレーズより、ずっと力があります。文章にも厚みが出てくるでしょう。

文章は真似から始まる

名文とまではいかずとも、人に伝わる文を書きたいものですね。

この章で紹介してきたことをまとめると次のようになります。

風景描写の場合では、時間軸を設けたり視点の移動を行うことです。創作文の全体にいえることとしては、説明的にならず読み手の想像力を刺激する工夫をすることがあります。さらにビジネス文も含めてどんな文章の場合も、まず自分の頭で考えて紋《もん》切《き》り型の思考パターンを排することが必要です。

これらが人に伝わる文章の条件といえます。では、それを身につけるにはどうすればいいのか。実はここが一番の難問です。

たとえばこんな方法はどうでしょう。

自分が名文だと思うものを「盗む」「真似る」のです。

多くの人は自分なりに文体を確立してから、それを名文の域に近づけようと努力します。しかし最初から自分の文体にこだわる必要はない。

武道では、まず流派の型を習得して、ほかの流派の技を取り入れ、最後にそれらから離れて独自の境地を開く「守、破、離」の精神が大事だといわれています。文章も同じで、最初は素直に名文の型を身につけるところから始めたほうがいい。

初めから上手に文章を書ける人などいません。作家のなかにも人の真似をするところから出発して、文を書く技術を磨いていった人が多いのです。

では名文の何を真似ればいいのでしょうか。

文章には、書き手の癖が必ず表れます。名文と呼ばれている文章も、細かく解析してみると、句読点の入れ方や文末の言葉の使い方、「てにをは」のパターンまで書き手独特の癖がある。

まずはそんな小さなところから真似てみます。

具体的には、モデルの文章を声にだして繰り返し読んだり、書き写して丸ごと取り込むようにします。

文章のリズムをつくる句読点の打ち方などは身体的なものであり、理屈で整理しきれないところがあります。このときはいつもこう、とパターンを頭で覚えるよりも、繰り返し真似をして身体に刻み込んだほうが文体の習得は早いでしょう。

悩ましいのは、誰の文章を真似るのかということです。ここを見誤って凡庸な文章を真似ても糧《かて》にはなりません。

この章の冒頭で、私は長谷川四郎の風景描写をご紹介しました。実は私も学生時代、長谷川四郎がつむぐ文章のリズムに引き寄せられて、一心不乱に作品をノートに書き写していました。

基本的には自分の好きな作家を真似ればいいと思います。そうしたすぐれた文体が身についていくうちに、やがて自分の文体を見つけることができるでしょう。

ただし、好きな作家イコール名文の書き手とは限らない点には気をつけたほうがいいかもしれません。惚《ほ》れ込んでいるのは文章でなく、作家が取り上げたテーマや、作品のなかで繰り広げられている主張、さらに作家の生き方そのものという場合もありますから。

個性の正体とはどういうものか

小説家やエッセイスト志望の人に、名文の真似をして文章力を磨いたほうがいいとアドバイスすると、かなりの確率で「自分の個性がなくなるようで嫌だ」といった反応を示します。しかし本当に個性はなくなるのでしょうか。

個性は消そうとして消せるものではない。蓋《ふた》をしようとしても勝手ににじみ出てくるもの。それが個性の正体だ、と私は思います。

こんな話があります。

ある小学校の児童五〇人が遠足で海に行きました。

後日、その感想文を書いて提出してもらいました。子どもですからボキャブラリーは知れています。海に行った感想を同じような表現で書いたとしても、ちっともおかしくありません。

ところが五〇人もいて、一行まるごと同じという感想文は一つもなかった。

小学生がごく限られたボキャブラリーで同じ体験について書いても、誰一人として同じにはならない。文章に表れる個性とはそれくらい強力なものであり、ぬぐおうと思っても簡単にぬぐえないものなのです。

そんな馬鹿な、と思う人は、適当に二〇字前後の短い文章をつくって、インターネットで検索してみてください。シンプルな単語を使ったシンプルな文章でも、そっくりそのまま同じ文章がヒットする確率はかなり低い。

試しに「今日はよく晴れて、とても暑い一日でした」という文をつくり、あるサイトで検索してみました。結果はどうだったか。

全体では一三〇万件のサイトがヒットしました。ただ、上位表示一〇〇件を一つずつ確認しても、完全に合致した文章は一つも見当たらなかった。

単純な言葉を使っていても、その組み合わせは膨大なものになります。完全に合致することのほうが奇跡といっていいでしょう。

好むと好まざるとにかかわらず、個性は一人一人にしっかりと根づいています。消したくても消せないのですから、「人の文章を真似したら個性がなくなる」と心配するのはおかしな話です。

名文の文体を真似するときは、むしろ書き写すくらいのつもりでちょうどいい。そうでなければ自分の癖のほうが強く出すぎて、手本とする文体を素直に受け止められないでしょう。

捨てたつもりでも、個性は自分のなかで生きています。逆説的なようですが、自分の文体をつくるのはまずは真似からなのです。

第4章

日常生活で文章力を磨く

時間を忘れて没頭する

朝、ベッドを出ると、パジャマのままパソコンに向かい、前日の晩の続きを書き始めるときがあります。

そんなときは、たいていよいアイデアが頭に浮かんでいて、ともかく早く書き留めたいと、焦りにも似た心理に追いたてられるようにキーを打ち続けます。アイデアがかき消えてしまいそうで、タイピングのスピードも速くなる。こういうことはめったにない。いい予感がします。

気がつくと、昼過ぎになっているということもあります。四〇〇字詰め原稿用紙で二〇枚も書いていたりして、この調子でいけばどんなすばらしい作品ができるかと考え、わくわくします。が、そこでパソコンを閉じて、遅い昼飯へと出かけたりすると案の定、帰ってからパタリと筆が止まるのです。

原稿を読み返してみると、内容も悪くない。しかし悔しいことに、後が続かないのです。では、あの数時間は何だったのか。

人は長時間走ると、身体に負荷がかかり苦痛を覚え始めます。それでも我慢して走り続けていると、こんどは苦しみを和《やわ》らげるためにエンドルフィンという脳内物質が分泌《ぶんぴつ》される。そのとき人は快感を覚えるようになる。これが俗にいうランナーズ・ハイですね。

私が時のたつのも忘れて書き続けた時間も、ランナーズ・ハイとどこか似ています。本来なら、そんな長時間、休みなく書いていると、頭も疲れるし、肩はこわばり、なにしろ空腹に耐えきれないはずなのに、それがまったくない。そのときエンドルフィンが脳内を駆けめぐっているのかどうかわかりませんが、私はこれにならって、その時間を勝手に「ライターズ・ハイ」と呼んでいます。

聞くと、どんな作家にもそんな時間があるそうです。もちろん毎日ではないが、ごくたまにライターズ・ハイがくる。みんなそれを待ち望んでいるのですが、そうめったに起こりません。私は年に数回というところです。突入する時間もまちまちで、そろそろ切り上げようという夜になって、唐突にやってきたりするのです。そうなると、明け方まで書いていたりということがあります。

ライターズ・ハイには、どうやら条件があるようです。

まず一定の時間、最低二、三時間は嫌でも書くこと、書き続けることです。これは必須《ひっす》条件です。そのうちに時間を忘れて没頭するようになります。こうなると、ついにライターズ・ハイがやってきた、というわけです。

つまり気持ちが乗らなくても、書き続けなければ絶対にそれはやってきません。そのためには体調もよくないとダメです。二日酔いのなかで、いくらがんばっても、無駄というものです。

ともかく体調を万全にして書き続けることなのです。一度でもこの状態を体験すると絶対に、書くことをやめられなくなります。保証します。

ワープロか、それとも手書きか

ライターズ・ハイには、もう一つ条件があります。

私が最初にワープロ専用機を手に入れて仕事に使い始めたのは、一九八〇年代半ばのことです。当時のワープロ機は横長の狭い液晶《えきしょう》画面に、わずか三行ばかりの文字が表示されるだけのものでした。文字の変換もお粗末。たとえば「かんぺき」と打てば「完ぺき」としか変換されない。「璧」という文字は辞書のなかになくて、やむなく「壁」という誤った字で代用させたりしていました。

それでも作成した文章がきれいな文字で印刷されて出てくるのを目にすると、それだけでうれしくなったものです。

その後パソコンのワープロソフトを使って「書く」ようになると、漢字の変換機能は格段に進歩して、何倍も早く原稿を仕上げることができるようになりました。こうなると、原稿用紙に手書きする方法には戻れない。

小説家のなかには、ワープロよりも手書きのほうが作品の質が高いと主張し、いまだペンや鉛筆で原稿用紙に向かう人もいます。しかしそれは人によって異なる感覚的なものであり、ワープロか手書きかで質が変わるということは証明できない。そんなことは証明できるはずもないのです。

アメリカで文学が本格的に隆盛したのは一九世紀末からですが、その背景にはタイプライターの普及があったことはよく知られています。文章づくりに便利な道具が登場して、多くの作家が誕生した。

同じようにワープロの登場が、新しい書き手をどんどん生み出したのも事実です。私も書いてみよう、と創作へ一歩を踏み出す人たちがたくさん出てきた。その引き金はワープロの登場でした。

時間も忘れて書くことに集中するライターズ・ハイという時間について紹介しました。まるで若者がゲームに没頭しているかのような感じで、キーボードを打ち続ける集中した時間。私の感覚では手書きよりもキーボードで文字を打ち込むほうが、この特殊な感覚が生まれやすい、と思います。

手書きの原稿で仕事をしていたこともありますが、一度もそんな感覚をもったことはありません。書き手によって異なるでしょうが、ライターズ・ハイと同じ状態を実現するのは、手書きでは難しいのかもしれません。

インターネットの魔力に勝てるか

ではパソコンさえあればいいのかというと、どうもそうではなさそうです。

問題はインターネットです。インターネットを使えば、文章づくりで必要なデータや参考資料を手軽に手に入れることができます。その点は便利なのですが、筆が止まったとき、次の一行がどうしても出てこないときなど、つい逃げ込むための格好の場所になります。

朝刊で読んだばかりのニュースの最新情報が気になって、ニュースサイトにアクセスする。ふと窓の外に目をやり、午後の気温が気になって天気予報のサイトをチェック。ついでにランチのお店探しで口コミ情報へ。こんなネットサーフィンを繰り返している人は、少なくないはずです。

いったん集中力がとぎれると、仕事に復帰してもなかなかエンジンがかかりません。気がつかないうちに途方もない無駄な時間を費やしている。

これではライターズ・ハイどころか、普通に書き進めることもできません。

もちろん、インターネットがない時代も、新聞や雑誌をめくるなどしてほかのものに逃げたことはありました。しかし現在の状況とは、まったく異なります。

いまでは文章を書くこともネットサーフィンも、通常は同一のディスプレー上でやります。気ばらしで開く画像や動画と、仕事で取り組む文章との境があいまいで、書くことを放り出していても、その自覚が薄くなりがちです。

オフィスでは、雑誌や新聞を眺めていれば隣のデスクからもその様子はわかります。しかしパソコンで仕事をやるようになって、その人が本当に仕事に向かっているのかどうかは、一目では判断がつきにくくなった。これも書くことへの集中をさまたげる原因になっています。

私はなるべく書き仕事を古いパソコンでやるようにしています。ウインドウズ95という化石のようなOSが入っていて、バッテリーも故障したので、ACコードで電源を取るしかないようなしろものです。このパソコンはインターネットに接続していないので、ちょっと一休みと称してネットサーフィンに興じることができない。ワープロ専用機として使っているわけです。

それくらい工夫しないと「書くこと」に集中するのは難しいと思います。

こうしてインターネットに逃げることなく書く時間を確保しているわけですが、ではいつ、何時から始めるといいのでしょうか。

朝には朝の、夜には夜の誘惑がある

作家には二種類のタイプがいるように思います。

朝から原稿に取り組める人と、夜にならないと集中できない人です。私は前者で、いつも朝から机に向かうタイプです。

ただし、朝の雰囲気は室内からできる限り排除しています。さわやかな朝の光が差し込んでこないようにブラインドは下ろすし、鳥のさえずりや気持ちのいい風が入り込まないよう空気の流れも遮断します。

いったいなぜか。すがすがしい雰囲気のなかで、書くことだけに集中するなんてできないからです。

窓から朝のさわやかな光が差し込んでくれば、それを楽しみたくなります。外に出かけたくなるし、我慢して文章に向かったとしても、そわそわとして腰が落ち着かない。ほかのことを忘れて文章に集中するためには、外の世界から入り込んでくる光や音、空気感といったものを物理的に排除するのが一番てっとりばやい。

締め切りが迫りどうしてもその日に仕上げないとならない場合などは、私は外の光を遮断したうえで、電気を点《つ》けて夜の室内とほとんど変わらない環境をつくります。そうして自分を追い込んでいくと、不思議に力が出てきて筆が進むことがあります。

そこまでやるなら夜になってから書けばいいじゃないか、と考える人もいるでしょう。ただ、夜は夜で強力な誘惑がある。お酒です。

作家とお酒をめぐるエピソードは事欠きません。

小説家として成功をおさめ、キューバで南国の暮らしを謳歌《おうか》していたアーネスト・ヘミングウェイは、毎日三、四本のウイスキーを友人たちと空けて、自宅で飲まないときは地元のバーに通っていました。いまでは世界的に有名になったフローズン・ダイキリというカクテルは、そのバーでヘミングウェイが見出したもの。いま日本のバーでフローズン・ダイキリを楽しめるのも、ヘミングウェイのおかげです。

お酒は文章づくりにどう影響するのでしょうか。

ほろ酔い程度なら悪くないでしょう。

私自身、外で軽く一杯飲んで帰ったときなどは頭が適度に柔らかくなっていて、朝では書けないような文章が書けることがあります。このときの感覚はとても心地よく、一つの言葉からイマジネーションが広がって、いつも以上にユニークな文章が書けるときもあります。

しかし、お酒がインスピレーションを与えてくれるのは、ほろ酔い加減の状態までです。もっと飲めばもっとよい文章が書けるはずと考えてグラスを傾けても、酩酊《めいてい》のなかで書いた文章は、まず使い物になりません。翌朝に見直すと、原稿の五分の四は脈絡のない言葉が並んでいて、二日酔いのなかで書き直さなくてはいけなかった、という事態を私は経験しています。

アルコールの力を借りて無理やりにつくったライターズ・ハイは、しょせん幻にすぎないのです。

ところが、よい作品を生み出さなくてはいけないプレッシャーにさらされている作家たちは、幻のライターズ・ハイのなかに救いを見出そうとして、ついついお酒に手を伸ばしてしまう。行きつく先はアルコール依存症です。

お酒が直接の死因ではなくても、お酒で人生をダメにして、不幸な死に方をした作家は数知れず。ヘミングウェイも、フィッツジェラルドも、シムノン、ポーも依存症だったようです。

日本にもアルコールで創作から遠ざかり、消えてしまった作家がたくさんいますが、あえて名前は挙げません。いずれにしても、彼らはアルコールへの依存度を深めるにしたがって書けなくなっています。

その一方で、太宰治はイメージと違って、午前中にきちんと仕事をして、それから飲みに出かける毎日だったという説があります。

たしかに、それでなければ、けっして長くはない作家人生のなかで、あれだけたくさんの作品を残すことはできなかったでしょう。

集中力は音楽でつくる

集中できる環境をつくるための具体的な方法をご紹介しましょう。

私は朝からブラインドを下ろして、密閉空間をつくって文章を書くといいましたが、それでも容易に遮断できないものがあります。それは音です。

いまは比較的静かな場所に仕事場を構えているので助かっていますが、都心で仕事をしていたころは、車やバイクが走る音に悩まされたものです。

街の雑踏から生まれる音だけではありません。ちょうど気分が乗りかけていたときに、宅配便の配達で呼び鈴がなったり、携帯電話に連絡があったり。こうした音で一気に現実世界に引き戻されて、そのままペースを取り戻せないことがよくありました。大長編『失われた時を求めて』を著したマルセル・プルーストは、壁や床にコルクを張りめぐらした防音室に閉じこもって執筆したといいます。しかし私たちにはそれは無理というものです。

想定外の音に集中力をさまたげられないようにするにはどうすればいいのか。

ＢＧＭはその手助けになります。無音状態のときと静かに音楽が流れているときでは、音楽が流れているときのほうが、雑音が音楽にまぎれて気になりません。

みなさんのなかにも音楽をかけながら仕事をしたり勉強をしたことのある人は多いと思います。ところが雑音対策をしたつもりでも、選曲を間違えて、せっかくの集中力を乱す原因になる場合があります。

私の場合、自分が好きな曲はダメです。理由は簡単で、鑑賞してしまうから。好きなアーティストの新作が出たので、それをバックに原稿を書こうなどと目論《もくろ》んでも、まずうまくいかない。

日本語の歌詞がついた曲も避けています。日本語が流れていると、つい歌詞に耳を傾けてしまいます。学生時代にはラジオの深夜放送を聴きながら試験勉強をして、まったく成果があがらないということがありました。

私のとっておきのBGMはグレン・グールド演奏の『ゴールドベルク変奏曲』です。これはゴールドベルクというバッハの弟子が、不眠症に悩むロシアの伯爵のためによく演奏していたといわれるバッハの曲。つまり入眠のための曲ですが、私の場合はこれが意外とよくて、集中して書くことに取り組むことができます。バッハの『無伴奏チェロ組曲』もいいですね。

みなさんも、自分のとっておきの音楽を見つけておくといいかもしれません。

一、二行の日記でも文章はうまくなる

文章力を磨くには毎日書くことです。しかし、継続性の大切さは理解していても、毎日パソコンを開いて文章と向かい合うのは大変、と感じる人もいるでしょう。

自分には難しそうに思えたからといって諦《あきら》める必要はありません。まとまった文章を書く余裕がなければ、毎日一行か二行の手書きでもいい。たったそれだけでも、たまに書くだけの人よりずっとうまくなります。頭の中にある「執筆の回路」をシャッ

トダウンさせないことがたいせつなのです。

どこから手をつけていいのかわからないなら、日記をつけることから始めてはどうでしょうか。

私は二〇年前から毎日欠かさず、手帳に日記をつけています。といっても一日に二行か三行という日もあるような簡単なものです。

日記を書くというと、なかにはエッセイのような文章を想像して、および腰になる人がいるかもしれません。しかし私が手帳に書いているのは、どちらかといえば行動記録に近いものです。

「編集者Aさんと喫茶『扉』で取材や進行スケジュールについて打ち合わせ」

これは手帳から拾った二年前のある日の記録です。この程度なら負担も感じないのではないでしょうか。

ただし、いくつか守りたいルールはあります。まず単語の羅列《られつ》ではなく、文章で日記を書くことです。当たり前だと思われるかもしれませんが、手帳に「『扉』・編集者A・打ち合わせ・午後二時」と並べるだけでは、文章力の向上にはなりません。

もう一つは、感情が動いたことについて書くということです。自分の気持ちが動いた事柄やエピソードを記しておけば、それらを後で作品にいかすこともできます。

私の作家としてのデビュー作「王を撃て」に、ひょうたん島と名づけられたミーティングルームが登場します。

「ひょうたんのような、いびつなカーブをもつ広いテーブルがある」（「王を撃て」『運転士』所収／講談社文庫から）

実は、このひょうたんテーブルは実在のものです。いまから二〇年ほど前、ある出版社の会議室に巨大なひょうたんの形をしたテーブルがありました。そこでの打ち合わせが強く印象に残り、当時の日記にも「会議室にひょうたんのようなデザイン先行で奇抜なテーブルがあった」と書いていました。

もしこのとき日記に「午後三時から出版社で打ち合わせ」とだけ書いていたらどうだったか。おそらく「王を撃て」の執筆中にひょうたんテーブルのことを思い出すことはなく、会議室のシーンでは何の変哲もないテーブルが登場していたでしょう。

自分の感情が動いたということは、そこに自分なりの感動や発見があったということです。その感動や発見が、エッセイを書くときのテーマになったり、フィクションのなかで演出効果を高める小道具になります。

感情が動いた事柄やエピソードは、ポジティブなものに限る必要はありません。むしろ人間を描こうと思えば、怒りや悲しみ、困惑など、さまざまな感情を盛り込むことが自然です。

あるとき打ち合わせのために、都心の出版社に行きました。その会社は最新のセキュリティ機能をもつオフィスビルに引っ越したばかり。入退室には社員カードが必要で、トイレに行くにも編集者からカードを借りなくてはなりませんでした。

しかもカードは機能がわかりにくいデザインで、私は裏面のほうをカードリーダーに押しつけてしまった。何度試みてもドアはひらかず、けっきょくは編集者を携帯電話で呼び出してあけてもらうことに。新しい技術は人間を楽にするばかりではないことを、身をもって知った出来事でした。

こんな些細《ささい》な出来事でも、そこに書くうえでのヒントがないか探すことができます。現代の高度に管理された組織や集団のなかで孤立する人間の、象徴的エピソードとして挿入できそうな気もしますし、過剰なほどにセキュリティを求める現代社会の病理として描くことができるかもしれません。

読み手を意識した瞬間、日記は文学になる

日記といえば、ブログやミクシィのようなＳＮＳ（ソーシャル・ネットワーキング・

サービス）を利用して、日々の雑感をつづっているユーザーもいるでしょう。知り合いの編集者によると、文章のレベルはピンキリで、まったく印象に残らないものもあれば、思わず感心してしまうものもあるといいます。

そのなかで最近、突然文章がうまくなって驚かされた日記に出合ったそうです。編集者のあるマイミク（ミクシィ上の友人）は、お世辞にもおもしろいとはいえない日記ばかり書いていていました。

内容は、ほとんど独り言に近いもの。自分に向けて書かれた文章なので、説明が省かれていたり、肝心なところで言葉が足りなかったりして、読んでも意味や状況がよくわからないことがあったといいます。どうして急に変わったのか。理由を探ったところ、二つの答えが浮かび上がってきました。

一つは、新訳のドストエフスキーにはまって何冊も本を読むようになったこと。すでに紹介したように、気に入った文章を真似ることは、文章力を磨く方法の一つです。本人がどこまで意識していたのかわかりませんが、繰り返し同じ作家の文章を読むことで文体の型が身につき、日記にもいい影響を与えたようです。

もう一つは友人たちから寄せられるコメントです。

それまでは日記を更新しても誰からも反応がありませんでした。しかし文章が多少うまくなったことでほかのマイミクからコメントがつきはじめ、自分の日記にも読み手がいるという意識が芽生えた。相手を意識することで、どう書けば読み手に伝わるのかを考えながら日記を綴《つづ》るようになったのでしょう。

私はとくに二つ目の理由が重要だと思いました。

文章が人の心を打つのは、それが誰かに向かって書かれたものだからです。読み手を想定しない文章は、いくら技巧を凝らしても相手の心を動かすことはできません。それは日記も同じです。読み手を意識することで相手に届く文章になります。

日記はプライベートなものなのだから、読み手を意識するのはおかしいという考え方もあるでしょう。しかし、それは違います。

世界で最も有名な日記である『アンネの日記』は、第二次世界大戦中、ナチス・ドイツの迫害から逃れるために隠れ家で暮らしていた一三歳の少女、アンネ・フランクによって書かれました。

みなさんもご存じのように、この日記は架空の友達キティーへの手紙という体裁になっています。抑圧されたなかでの生活を綴るとしても、単なる独り言であったなら、ここまで多くの人の心をつかむことはなかったはずです。いま自分が抱えている悩みや葛藤《かっとう》を誰かに伝えるという形式をとった。これが単なる独白では生み出し得なかった言葉をつくり出したともいえます。

たとえいまは自分しか読まない日記でも、読み手を意識した瞬間、それは文学になります。紀貫之の『土佐日記』や、藤原道綱母の『蜻蛉《かげろう》日記』。こうした日記が名作として後世に読み継がれているのも、自分だけの閉じた世界の言葉ではなく、読み手を意識した言葉で綴られているからでしょう。

実際に公開して人に読んでもらうのかどうかは別にして、絶えず伝える相手を意識する。文章のトレーニングとして日記を書く場合、この意識は大切です。

メモにも必ず、年月日を記入する

一般的な日記の書き方は一日の終わりに今日の出来事を振り返り、日記帳にそれを書き込むというものでしょう。

しかし、何かに気づいたり感じたりしたときに、一日の終わりまで書くのを待っていると消えてしまう種類のものもあります。それらは思いついたときにすぐ書き留めたほうがいい。形にこだわる必要はありません。

そこで活躍するのがメモ帳です。

メモといっても、書き方のルールは手帳につける日記と同じです。単語ではなく文章で書くこと。事実を並べるだけでなく、感情が動いたことについて書くこと。この二つを意識することで、単なるメモが文章力を磨くツールになります。

さらに私は、思いついたことを書き留めたときは必ず、年月日を記入するようにしています。

メモの場合は書きっぱなしということはなく、ある程度の量が溜《た》まったら整理することになる。このとき一枚一枚に年月日が入っていると便利だからです。

私のメモ帳は「DIVERSAFILE」の手のひらサイズのメモパッドです。アメリカ映画などに登場するタイプの黄色いメモ用紙ですが、量販店で安く手に入るので愛用しています。

仕事部屋のデスクはもとより、ダイニングテーブル、ベッドのサイドテーブルにも、このメモパッドを一冊ずつ置いて、思いついたこと、見聞きしたことをすぐに書き留めるようにしています。書くときは一枚に一項目ずつと決めて、関連のない話を一枚に連ねて記すということはしません。

書いたメモはできるだけすぐに、ファイルボックスのなかに入れます。

ファイルボックスは四つあって、フィクション、エッセイ、現在執筆中の本、連載中のエッセイとわけています。一枚に一項目をメモするようにしているのは、たとえばフィクションとエッセイという異なる項目のアイデアが同じ一枚に書かれているとわけて入れることができないからです。

保管するのはメモだけでなく、新聞や雑誌の切り抜き、インターネットから選んで印刷したニュースなどです。それぞれのファイルボックスにはそうしたメモや切り抜きなどが、下から古い順に蓄積されている。メモや切り抜きに年月日を入れるのは、その時系列を崩さないようにするためです。

後から見直したときに、そのときどきに起こった事件や事象についてのことが、年月日で重ねられているので、まとまって出てくる。これが便利なのです。

よく新聞の切り抜きはきちんとファイル帳に整理して保管し、メモは手帳などに書き、パソコンのファイルにはインターネットから引用した話を収めているという人がいます。一見よく整理されているようですが、関連するはずの話やアイデアが、別々の場所にあると、せっかくの資料もうまくいかせません。

ジャンルごとに大まかにファイルボックスをつくり、何もかもとりあえずそこに放りこむ。それで十分です。

料理のレシピの難しさとは

ある書評番組で、澤地久枝さんの『家計簿の中の昭和』という作品の書評をしたことがあります。これはノンフィクション作家である澤地さんが、一九六三年からつけている家計簿を題材にした自伝的エッセイ集です。

エッセイもおもしろいのですが、注目したいのは家計簿の行間を埋めるように、さらっと添えられた文章です。

「パーマと『電髪』」というタイトルがつけられた章を見てみましょう。

「昭和三十九年六月七日、パーマ代千二百円。その前後の支出を見ると、ざるそば七十円、冷し中華そば八十円、都電、バスの料金十五円。例外的な支出は贈答用ウイスキーのジョニ赤で、一本三千四百円。これはきわめて高価な品と思っていた」(『家計簿の中の昭和』/澤地久枝/文春文庫)

たったこれだけの文章なのに、当時の暮らしぶりが立ち上ってきます。

たしかに作家の筆力によるところはありますが、別の言い方をすれば、文章力を鍛える場も書くための視点を磨く材料も、日常生活のなかにあるということです。

料理が好きな人なら、レシピを書くこともトレーニングになります。

レシピくらい誰でも書けるから練習にならない、と考えているとしたら間違いです。試しにネットで、いままで一度もつくったことのない料理のレシピを検索してください。そして画像を隠して、文だけを頼りに料理をつくってみてください。おいしい料理ができあがる確率は、案外低いのではないでしょうか。

「塩こしょう少々」と書いてあったので、自分なりの感覚で塩こしょうしたら、からくなってしまった。「角切りにする」とあったので四センチ角の角切りにしたら、大きすぎて火の通りが悪かった。このように表現として間違っていなくても、書き手の意図や感覚が的確に伝わらず、結果としておいしくない料理ができてしまう。

これらの失敗をふせぐには、あいまいな表現をやめて、何グラム、何センチ角と具体的に書けばすむ話です。しかし、何もかもを記せば、今度は説明がくどくなります。

どこを省き、どこを残せば、読み手に的確に伝わるか。レシピでは、そこが書き手の腕の見せどころです。私が見たなかでは、下ごしらえに時間がかかる材料なのに、調理がある程度進んだ段階でいきなり登場して、「フライパンで一緒に炒《いた》める」と書いてあるものもありました。そこから下ごしらえを始めるとなると、いったん火を止める必要があります。もう少し前の段階に「肉の下ごしらえはここですませておく」とひと言あれば、混乱は生じなかったでしょう。

伝えたつもりだが、伝わっていない

レシピと似たものに解説文や説明文があります。

新聞の健康欄に、頭部マッサージについて書かれた記事が載っていました。具体的なやり方が紹介されていたので、試そうと思って解説文に目を通しました。しかし何回読み直してもわからなかった。頭のどの部分にどの指を当て、どのように動かすべきなのかが文章から読みとれないのです。

料理のレシピもそうですが、世のなかには〝書き手は伝えたつもりだが、読み手には伝わっていない〟文章が少なくありません。

といっても、私に偉そうにいう資格はないかもしれません。実は過去に〝伝わっているはず〟の文章で大失敗をしているのです。

当時私は、ある月刊誌で商品レビューのページを担当していました。

あるとき、使い終わった乾電池を充電でよみがえらせるユニークな機械を紹介したことがあります。いまでこそ充電して繰り返し使える電池は珍しくないですが、当時としては画期的な商品で、読者からの反応も悪くなかったと記憶しています。

ところが反響のなかには、クレームもまじっていました。

その機械で充電できる電池のサイズは、単一と単二の二種類のみ。それを書き忘れたために、「単三が充電できないじゃないか。間違って購入したから弁償しろ」という苦情が編集部に届いたのです。

正確にいうと、使える電池のサイズを書き忘れたわけではありません。レビューのページには当然、商品の写真が載っていて、そのなかには電池が実際におさまっているカットもあった。それを見れば、比較的大きなサイズの電池用だとわかります。そこで私は、わざわざサイズを書く必要はないと無意識のうちに判断。忘れたのではなく、あえて書かなかったわけです。

それがいけませんでした。第3章で、よい文章の条件はあえてすべてを説明せず、読み手に想像や解釈の余地を残すこと、といいました。しかし、説明文におけるよい文は違います。「これくらいならわかるはず」という勝手な思い込みを排して、誤解が生じないようにきっちり説明すること。それが条件なのです。

では、どうすれば的確に伝わる文章が書けるのか。

まず自分の常識、思い込みを捨てることです。みなさんも外国人に日本の文化を紹介するときは、誰でも日本の常識が通用しないという前提で説明を尽くすでしょう。そのときの姿勢を、文章を書くときにも忘れなければいい。

これは社内におけるマニュアルなどでも同じ。マニュアルを書いたのであれば、それを見て作業する人に直接読んでもらい、意見をぶつけてもらうことも大切です。気をつけたいのは、すでにそのマニュアルが頭に入っている人や実際に作業をこなしている人に見てもらっても、さして意味がないということです。明確な内容の誤りは指摘してもらうことができても、マニュアルなど必要なくてもできる人は「ああ、これでいいよ」と、簡単にすませがちです。

むしろこの場合は、作業ができない人、そのマニュアルで勉強しようという人に読んでもらって意見を聞くほうが、何倍も有効といえます。本当にその文章を必要としているのは、そんな初心者だからです。

会社案内や広報文も同じです。作成前の原稿を会社の中身をよく知った社員ではなく、社外の人に読んでもらって意見を聞くことが大事なのです。

若いころ、私もこうした仕事をコピーライターとして手がけましたが、社内の人間だけでその善し悪しを判断し発表するのが常でした。

もったいないなあ、と思ったものです。

締め切りの二日前に原稿をあげる

文章は永遠に完成しないものである、といったら驚かれるでしょうか。

八〇〇字のエッセイを書き上げたとします。その後、推敲《すいこう》のプロセスに入ります。もし推敲に何時間かけてもかまわないなら、私は何度でも推敲をするでしょう。それでも原稿が完成するわけではありません。どこかでタイムリミットがくるから、しかたがなく終わりにするのです。

なぜ文章は完成しないのか。それは文章が生き物だからです。

生きているので、時間とともに変化します。正確にいうと書き手のほうが変化しているのですが、どちらにしても読み返すたびにそれまでと違った表情を見せ、書き手はまた手を入れたくなるのです。

けっして完成しないなら、いつ文章に見切りをつければいいのか。

締め切り直前のギリギリまでねばって最後まで推敲を続ける人もいれば、キリがないから一度書き上げた時点ですっぱり諦める人もいる。

私が理想としているのは、締め切りの二日前に書き上げて寝かせておき、期限の直前にもう一度だけ見直すパターンです。

一日前でなく二日前なのは、時間をあけて寝かせたほうが自分の文章を客観的に読み返すことができるからです。自分が書いたものをいったん突き放してから見直すことで、一度の書き直しでも格段によくなります。

具体的な推敲のやり方についても紹介しましょう。

推敲は必ず紙にプリントアウトしてから行います。

不思議なものですが、同じ文章にもかかわらず、紙で推敲すると画面で見た場合と比べて何倍もの粗《あら》が見えてきます。たとえばモニター上では気づかなかった誤字脱字を紙の上で発見することも少なくありません。文章そのものの稚拙さも紙のほうがはっきりと浮かび上がる気がします。

かつては文章を自分で音読してテープに録音し、ふたたび聞いてみるということをやったこともあります。実際に自分で声を出して読むと、「てにをは」の間違いや、主部と述部がかみ合っていないところがすぐわかります。

文法的な間違いがなくても、聞いていてリズムに違和感があるところは、文章として美しくない場合が多いものです。このようなときは句読点の位置を変えるなどして、リズムを整えます。

録音による推敲は、文章力を鍛えようとしている人にとって試してみる価値のある方法だと思います。私自身、この方法でかなり文章力が磨かれた気がします。いまでも文章の音読は続けています。

第5章

検索、コピペ時代の文章術

一本の井戸か、遠浅の海か

ここで、デジタル化された文章について考えてみたいと思います。二〇一〇年、出版界では電子書籍ブームが起こりました。もともとケータイ小説や電子コミックを中心に市場を広げてきましたが、日本ではアップルの「ｉＰａｄ」の登場によって一般書籍も電子書籍化が進みました。

電子書籍が注目されているといっても、これまで紙に印刷されていた活字がＩＴ端末の画面に表示されるだけのことなのだから、大騒ぎする必要はないのではないか、という声も聞こえてきます。

しかし、本当にそうでしょうか。

たとえば近未来の読者が、電子書籍で夏目漱石の『坊ちゃん』を読むところを想像してみてください。小説の舞台は愛媛県松山市。この小説で松山を知って土地柄に興味をもった人は、「松山」というワードにタッチして情報や地図を閲覧できます。

あるいは漱石ゆかりの道後《どうご》温泉のページで宿を予約したり、同じく松山にゆかりのある正岡子規の作品をチェックすることも可能でしょう。同じ画面に映画『坊ちゃん』を映して、名場面がどのように映像化されているのかを見比べたり、朗読の音声を聞きながら文章を字幕のように流し読みしてもいい。

文章を読んでいる途中で自分のアンテナに引っかかるものがあれば、垣根を軽々と飛び越えて、そちらに関心を移していく。水平的な動きを繰り返すたびに、未知のものに触れて世界が広がっていく。

いうなれば、電子書籍は大きな海です。

しかしよく見ると、遠浅の海です。

それに対して、紙の書籍は一本の井戸です。間口は狭くて外の世界に飛び出しにくいけれど、深く掘り下げていくと豊かな水脈があり、物事の深淵《しんえん》に触れることができる。それがこれまでの本の楽しみ方であり、最大の魅力でした。

もし、二つをうまく使いわけながら読書することができれば理想でしょう。

問題は、電子書籍が紙の本を駆逐してしまった場合です。電子書籍的な読み方が主流になれば、それに伴って私たちの思考方法が変わり、さらに文章そのものも変質していく可能性があるからです。

電子書籍を読むということは、興味にしたがって思考がどこへでも自由に飛べるということになるかもしれません。一ヵ所にとどまらずに飛び回ることは、同時にまた考えが散漫《さんまん》になることでもあります。

散漫な思考というのは、事象の表面だけをなぞった細切れの思考といいかえてもいい。それらを表現しようとしても、一つ一つは細切れの短文であり、全体としてはパッチワークのような継ぎはぎだらけという文章になりかねません。

綴ることは、未来へつながること

イメージしやすいのはツイッターです。

ツイッターには、そのとき見たものや感じたことがリアルタイムで書き込まれます。これは電子書籍の水平的な動きとよく似ています。一つの事象についてじっくりと観察するより、関心の向くままに反応して、瞬間的に思い浮かんだことを言葉にしていく。細切れの言葉の集合体です。

しかし本書で考えたいのは、人の心を揺《ゆ》り動かして説得してしまうような力強い文章です。あるいは情報として伝われば役目を終えるのではなく、伝わった後で読み手の血となり肉となる文章です。

そうした文章の代表は小説です。

小説の文章はむしろ外とのつながりを拒絶して、孤独感を抱えるようにして自分を掘り下げていくことでしか、綴《つづ》れない性質のものです。

作家の井上ひさしは、「わたしたちの読書行為の底には『過去とつながりたい』という願いがある。そして文章を綴ろうとするときには『未来へつながりたい』という想《おも》いがある」（『自家製　文章読本』／井上ひさし／新潮文庫）と書いています。

文章を書くときは、これを未来の誰かに読んでもらいたいという意思をもって言葉を綴ります。一方、それを受け取る読み手は、作家が残した過去を読むことになる。

では、ツイッターはどうでしょうか。

ツイッターは未来に向けてつぶやくのではないし、流れてくるつぶやきも過去というほど古くありません。「〇〇なう」という流行語に象徴されるように、書くときも読むときも「いま」しかない文章です。

いましかないということは、書かれた途端に消えていく文章だということもできます。実際はネット空間にログ（記録）が残りますが、「電車なう」「会社なう」といったつぶやきが、後から顧《かえり》みられることはほとんどない。そういう意味で、つぶやきは仮想空間に消えていく文章なのです。

誤解が起きないようにいっておきますが、ツイッターには無意味なつぶやきばかりが満ちている、というわけではありません。代名詞になった「〇〇なう」という、他人にとってはどうでもいいようなメッセージはだいぶ影をひそめ、いま主流となっているのは、もう少し内容のある情報です。

たとえば二〇一一年の四月、新宿の公園で花見が催されました。故・忌野清志郎の原発反対というメッセージ性の強い『サマータイム・ブルース』をみんなで合唱するという、花見というよりミニコンサート、集会でした。実はこの集まりは開催のわずか二、三日前に発案されたにもかかわらず、あっという間にツイッターで広まり、当日は四〇〇人から五〇〇人もがそこに集合したのです。

ツイッターはブログやケータイメールと違った完全な参加型のメディアです。そこでかわされる内容は、情報性が重視されます。

もう一つ、ツイッターについて触れておかなくてはならない特徴があります。それは上限の文字数が一四〇字だということです。

文字数が一四〇字しかないと舌足らずになるのではないかと心配になりますが、利用する人にとってはそうではないようです。一四〇字は足りないどころか、むしろ十分な文字数。実際にツイッターに流れる書き込みを見ても、「〇〇激辛ラーメンがうまい」「〇〇で昼寝できるような公園教えて」といった一〇字から二〇字程度のメッセージがあふれています。

情報ネットワークとしてツイッターが広まったのは、このような情報性を重視した短い文を簡単に書き込めるからでしょう。

利用者がアクセスしようとしたときに、俊敏に情報を選択できるという機動性に意味がある。もし長文も書き込めるものだったら、そのスピード感が奪われて、おそらくいまほど普及しなかったと思います。

この短文志向は、デジタル全般に見られる傾向です。

たとえばケータイのメールの文章がそうです。街でも電車でも、一行や二行のメールで何度もやりとりをしている人をよく見かけます。まとめて書けば一通で用件がすみそうなのに、わざわざ何度もやりとりをするのはなぜなのか。それはケータイのメールが文章というより、限りなく会話に近いものだからです。

ケータイ小説も同様です。ケータイ小説の文章は一つのセンテンスが短く、それでいて改行が多いのが特徴です。そのため文章というより箇条《かじょう》書《が》きを読んでいるような印象さえ受けます。

ではなぜ最近は短い文章が好まれるのでしょうか。

「私の〇〇〇も読んでください」

ツイッター、ケータイなどでは短い文章が情報発信に適しているということと同時に、長い文章を読んだり書いたりする力が弱くなりつつあるということもいえそうです。これは文章力や表現力というより思考力の問題かもしれません。

長い文章には、整合性のある論理展開や緻密《ちみつ》なプロットが求められます。一つのことについてじっくり根を詰めて考えていく思考の持久力、忍耐力がないために、一行や二行のシンプルなアウトプットばかりでは、思考する力、人に伝わるしっかりとした文章を書く力は衰えることになります。

文章を書くということは思考するための方法でもあります。言葉を連ねていくうちに新しい考えが生まれたり、自分のなかに眠っていた意識に気づかされたりします。

一方、デジタル化された画面で飛び交う文章は、思考を深く掘り下げるツールとしては向いてない。

デジタルな文章として私が真っ先に思い浮かべるのは、かつてブームとなったケータイ小説です。ケータイ小説は、書き手が読み手とつながるための小説でした。さらにいえば小説というより、ケータイ小説という媒体を通じて書き手と読み手がつながるための「ツール」に近いものでした。

作品として何か残すというより、書き手と読み手がケータイ小説という同じ「場」に参加することで、お互いの存在を確かめ合う。つながることが目的なので、何か一つのことを掘り下げる必要はまったくありません。

登場人物の心象風景も「つらい」「哀《かな》しい」といった直接的な表現の羅列《られつ》に終始しています。ただし表現の深みがない文章に反比例するように、中身はドラマチックです。失恋、いじめ、レイプ、妊娠、中絶、リストカット、病気、そして死という刺激の強い出来事が次々と起こり、退屈しないようにするのです。

それらの出来事が本来もっているはずの重さと、表現の薄っぺらさがひどくアンバランスなところがケータイ小説の特徴だといっていいでしょう。

一時、それらのケータイ小説は紙の形で単行本化されてベストセラーの上位を独占し、一〇〇万部を売り上げるものも出ました。既存の出版業界は大あわてになってこの分野に進出し、有名作家を起用したりしましたが、意に反して売り上げに結びつかず、あっという間にブームは去りました。

そもそも表現も内容もパターン化していて、飽きられやすいということがあったのでしょう。

同じようなものを繰り返し出版しても、受け入れられるはずはありません。私はケータイ小説があっという間に衰退したのは、読者と作家とが一体となったイベント性にその理由があったと思っています。イベントは中身に変化がなければやがて飽きられます。

ケータイ小説を発表する「作家」は一〇〇万人といわれたこともありました。短い文章を少しずつ連載していく形式だから、書くのは簡単で垣根が低いのです。彼女たち（大半は二〇歳前後の女性）は作家であると同時に、読者でもありました。

新しい作品がアップされると、さっそく感想を送ります。「読みました。感動しました。私の〇〇〇も読んでください」というぐあいです。こうして作家と読者は輪になっていきました。

やがていくつかのモンスターのような人気作品が生まれて、紙の本として出版されるまでになった。その作家に対して毎回、「感想を送り励ましながら」読んできた数十万人の読者には、強い絆《きずな》、参加意識がありました。すぐさま彼女たちはコンビニに走り、単行本としてできあがった作品を手にしました。

すでに読んだはずのものをまた買うのは、ケータイ小説というデジタル空間で開かれたイベント参加の、一つの記念のようなものだったのだと、私は思います。

しかしこのイベントは、たちまち飽きられていって終息してしまったわけです。言葉がデジタル化しネットワーク化すると、かつては想像できなかったようなことが起こります。

こんな簡単で粗雑《そざつ》な表現でも一〇〇万部売れるなら、と身を乗り出した出版業界の一部は、デジタル化した言語表現とアナログな文章、言葉との間に存在する、大きな壁を理解できていなかったのです。

ケータイ小説のようなデジタル空間のイベントに参加するだけで満足という人は別ですが、そうでないならこの壁の存在には注意を払ってください。ツイッター、ケータイ小説、ブログにあふれている文章を読んで「あっ、これならすぐに書けそう」と思い込み、ビジネス文章、エッセイ、小説に取り組むのはおすすめできない。

もちろん、デジタルな文章が「書いてみよう」ということの、きっかけとなることはいいことです。その場合も、古本屋でケータイ小説を買って読んでください。最後まで読み通せず放り出したなら正解です。デジタルとアナログの言葉には壁があるということを、あなたは理解できたということになります。

デジタル化された文章について、もう少し探っていくことにしましょう。

コピー&ペーストが文章を殺す

ある朝、仕事前に新聞をめくっていると、小さなベタ記事に目が釘づけになりました。二〇一〇年一〇月、詩のコンクールで新人賞をとった作品が、実はインターネットに投稿されていたものをコピー&ペースト(コピペ)したものであることが発覚したのです。

受賞した少女はそれまで五〇以上のコンクールに応募して、二四の入賞歴をもっていました。そのなかには、今回発覚したもの以外に三作品の盗作があったそうです。ただ、この記事を読んでも、私は少女を責める気持ちになれませんでした。

盗作事件が発覚する二カ月ほど前、私は大阪の阪南大学でレポートのコピペを見破る「コピペ検索システム」が開発されたという新聞記事を読んでいました。実験のために学生のレポートをこのソフトを使って調査したところ、なんと約四割がコピペによるレポートだったそうです。

これほどまでにコピペが横行する時代なら、コピペした作品で文学賞に応募する人が現れても不思議ではありません。たまたま魔が差して一線を越えてしまったのがその少女だったというだけで、ほかの若者が同じことをしていたとしてもおかしくはなかったのです。

問題は少女個人というより、学生においては「コピペすれば楽だよね」という意識、さらに進んで「コピペを利用しないのは仕事ができない証拠」という新しい社会的な意識が生まれつつあることです。

多くの人がコピペで文章をつくることに抵抗を感じなくなれば、次は「どこからどのような言葉を引っ張ってくるか」「コピペしたものをどのように飾ると、本物らしく見えるのか」というコピペ技術の追究が始まります。その結果、自分の頭で考えて書くという文章力の根本が捨て置かれて、しまいには誰も文章を書けなくなってしまうかもしれない。

「デジタル化された時代において、コピペは当然の権利だ」と思い込んでいる人もいます。ゼロから作品をつくる必要はなく、コピペで部品を集めて最後に自分で組み立てたほうが、最小限の努力でよいものができる。

それの何が悪いのか、というわけです。

しかしそれは作家ではなく編集者の発想です。編集者が編集力を磨くことに異論はありませんが、文章を書こうとする人がいくら編集力を磨いたところで、けっして文章はうまくはなりません。

書き手であれば、少しでもゼロに近い立ち位置からの創造を目指すことです。その気持ちを捨てたとたん、むしろ自分で汗水たらして書くことはダサいという感覚が出てきて、文章力を磨く際の壁になってしまうでしょう。

コピペを繰り返すたびに、自分の文章力は衰えていく。

そのくらいの危機感が必要です。

ランキング思考で直観力が衰える

ネットと検索技術の発達によって、私たちはいつでも自分の欲しい情報に自由にアクセスできるようになりました。ＩＴの発達のおかげで、ネットワーク空間にはいまや、ほぼ無限の選択肢が広がっています。

そのなかから、どれでもお好きにどうぞ、といわれたときに、はたして一つ一つをすくいあげて吟味することができるのか。不可能です。

そこで活躍するのが検索サイトやランキングサイトです。

たとえば本を買おうと思って通販サイトに作家名を入力すれば、売れている順に上から表示されます。あるいはクチコミサイトでレストランを探したければ、星が多い順や投稿の多い順にお店が並んでいる。自分で一つ一つを調べなくても、検索サイトやランキングサイトが自動的にレコメンド（推薦）してくれるわけです。

しかし、デジタルな世界では、むしろ選択肢が広がるほど自由度がなくなっていく。私はそんな印象を抱いています。実際は、無意識のうちにランキング頼りになって、多くの人がいいという無難なものを選ばされている。さらにそれらの情報は、必ずしも利用者の要求に応えたものとはいえない。それまでの個人のアクセス傾向や購入履歴をもとに情報提供がなされているということもあります。

もちろんランキングでものを選んでも、普段の生活に特段の支障が出ることはないでしょう。しかしランキングに頼ることは、自分の物差しを磨くのをおろそかにするということです。

これを日常的に繰り返していると、書き手としてのオリジナルな感覚が弱り、文章も没個性的になるのではと危惧《きぐ》します。

実は書き手としては、みんながランキングに依存しているときこそ、直観力を発揮するチャンスです。ほかの人たちが一つの方向を向いているときに、自分の嗅覚《きゅうかく》を信じて、「このブーム、何かおかしい」ということがいえるかどうか。そこが腕の見せどころといってもいい。

自分の直観や嗅覚をたよりに行動したり、書いたりすれば、ときには空振りに終わったり、痛い目に遭《あ》うこともあるでしょう。しかし、直観力はそうした経験のなかで磨かれていくものです。さらにいえば、経験のなかでしか磨くことはできない。なぜなら直観とは経験の積み重ねから生まれるものだからです。

パソコンの前から動かず安全に効率よく情報を得ようとしても、物事の本質に迫ることはできません。ランキングや検索の便利さを振り切って、一歩を踏み出してみる。

書き手には、その勇気が必要だと思います。

キュレーションとは何だろう

ここ最近、デジタルの世界では、キュレーションという行為が注目を集めています。

欧米では、高い専門知識をもって収蔵物や展示物の管理を行う博物館や図書館、美術館の学芸員を指して、キュレーターと呼びます。それと同じようにデジタルの海でも、膨大な情報を整理して、意味を与え、わかりやすく展示するキュレーションや、その役割を担うキュレーターが必要ではないか、というわけです。

たしかにネット空間を飛び交う情報が爆発的に増えたいま、情報に価値を与えるキュレーターの存在感は増しています。ランキングに依存すると書き手としての嗅覚が鈍るといいましたが、自分の価値観に近いキュレーターを見つけられれば、最小限の時間と手間で魅力ある情報にアクセスすることも可能になります。

こうした時代のニーズを受けて、最近は情報のキュレーターになりたいという人が目立つようになってきました。

ただ、キュレーターこそデジタル化時代の旗手だという論調には、もろ手を挙げて賛成するわけにはいきません。キュレーターがみんなの憧《あこが》れの的になり、多くの人がキュレーターになりたがる世のなかがはたして健全といえるのか。

キュレーターは情報の発信者のようなイメージがあるかもしれませんが、実際にやっていることは付加価値が高いコピペといってもいい。もちろん単なるコピペとは目的も価値も異なりますが、クリエイターのように自分で何か新しいものを生み出すわけではないことを忘れてはいけません。

もしみんながキュレーターを目指すようになったら、一方でクリエイターの層は薄くなる危険性があります。クリエイターの層が薄くなって新しいものを生み出す力が弱くなっていくと、その先にあるのはリユース、リサイクルの世界です。

リユース、リサイクルというとエコな感じがして悪くない印象を与えてしまうかもしれませんが、実態は素材の使いまわしです。文化というものを長い目で見たとき、はたしてそれは歓迎すべきことなのかどうか。

出版の現場では、すでにその動きが市民権を得ているといってもいいでしょう。実際、ニーチェやピーター・ドラッカーの著作を素材にした本がベストセラーになっています。これは編集者のキュレーション能力の勝利です。

ただし、古典をリユース、リサイクルしたものが売れるというのは、いまの時代を生きる書き手の力が衰えているということの裏返しでもあります。自戒を込めていうのですが、書き手はこの状況にもっと危機感をもったほうがいい。

音楽の世界では、一足先にリミックスという形でのリユース、リサイクルが一般化しています。

テレビの業界に目を転じてみても、昼間の時間帯で流れているのは韓流ドラマのように海外でヒットの実績のあるものばかり。新番組も過去の人気番組の焼き直しで、既視感が拭《ぬぐ》えません。

新しいコンテンツを生み出すことより、リユースやリサイルが幅をきかせているいまの状況は、新しいものを生み出す力を衰えさせ、やがては文化の衰退にもつながるのではないか。

その意味で私は、キュレーションという行為が、表現における手法の中の一つとしてとどまるほうがいいと思っています。

タイトルの一人歩きに注意する

なぜ人を殺してはいけないのか。

みなさんなら、この問いにどう答えますか。

少々古い話になりますが、『文藝春秋』二〇〇〇年一一月号で「なぜ人を殺してはいけないのか」という特集企画がありました。この問いに対して、学者や作家など識者一四人が寄稿しています。私もそのなかの一人で、タイトルは「また造ればいいじゃん！」というものでした。

医療の進歩は目覚ましく、いまや命の誕生は、遺伝子操作や生殖技術に支えられている面があります。みんなが尊いと信じ、かけがえのない、あるいは地球よりも重いと形容される命が、複写機にかけるように無限にコピーできる時代がやってくるかもしれません。

そうした時代を迎えたとき、子どもは素朴な気持ちで「殺されても同じものを造れえでこの問いに答えなくてはいけない、といった内容でした。タイトルを反語的につけたわけです。

ばいいじゃん!」というかもしれない。私が原稿に書いたのは、そこまで踏まえたう

自分では、的外れなことをいったつもりはまったくありません。ところが当時、この寄稿文はネットで批判を浴びました。

いったい何が批判されたのか。抗議のメールや掲示板の書き込みを読んで私は唖然《あぜん》としました。批判している人の多くは、タイトルの「また造ればいいじゃん!」を見て、私がそう主張していると勘違いしているのです。

あらためて解説するまでもなく、「また造ればいいじゃん!」は私の意見ではありません。そういった答えを生み出しかねない時代に入ったことを認識しなければいけないということが、あの文章の趣旨であり、きちんと読んでもらえば、むしろ私が「また造ればいい」という意見に否定的であることがわかるはずです。にもかかわらず、「フジワラは人命を何だと思っているんだ!」と非難が殺到したわけです。

これはタイトルだけがネット上で一人歩きをして、文章全体が読まれていないことから起こりました。

ネット上では文全体を省いてタイトルだけが流通し、読む人がそれですべてを判断

するといったことがありがちです。言葉がデジタル化されたことで、この種の勘違いは増えている印象があります。

もちろん正確に集計したわけではなく、抗議を受ける当事者としての実感なのですが、ネットが普及するにつれ、読者からの反応が短絡的になっていると感じます。

早とちりが増えた理由は二つ考えられます。

まず一つは、デジタル化された言葉は簡単にコピペできるということです。コピペの過程で一部だけが抜き出されたり要約されると、そこで文脈が分断されて、誤読や勘違いを誘うのです。

たとえば「また造ればいいじゃん！」も、この一文だけをタイトルとして抜き出すと、誰の言葉なのかがよくわかりません。そこで私の発言だと誤解して、批判する人が現れるのです。

もう一つ、デジタル化時代になって思考が水平的になり、文脈を読まない、あるいは読めない人が増えてきたであろうことも見逃せません。

ネット辞書で調べてノートにとる

電子書籍のところでも触れましたが、水平的思考とは一つ一つの思考を掘り下げることなく、次々に別の領域にジャンプしていく思考スタイルのことです。この思考スタイルの特長は、何といっても軽やかさにあります。ですから文章を読むときも、じっくりと文脈や行間のニュアンスを汲《く》み取るより、字面だけを見て瞬時に物事を判別するような読み方になりがちです。

その結果、刺激と効果を狙《ねら》ったタイトルや、抜き書きされた表現をそのまま受け止めて、「だってそう書いてあるはずじゃないか」と短絡的に反応してしまう。いずれにしても読み手の側に、コピペに頼らずに原典に当たる習慣や、文脈から文意を読み取る読解力をつけるしかないでしょう。

文脈や行間を読む力と並んで考えたいのが、ネット辞書の問題です。

残念ながら、デジタル化時代になってから、新しい言葉を自分のなかに取り込み、自分のものとして「使いこなす力」は、全般的に衰えているように感じます。一因は、ネットの辞書機能やネット上の百科事典であるウィキペディアにあるでしょう。

文章を読んでいて知らない言葉にぶつかると、私たちはこれらの機能やサイトを使って気軽に言葉の意味を調べることができます。実際、私も助かっているのですが語《ご》彙《い》力、ボキャブラリーということでは、手軽で便利だからこそ言葉が自分自身のものとして身につかないというマイナスの側面もあります。

知らない言葉が出てきたら、その場でただちに検索して理解したつもりになる。たとえそれきり忘れても、またいつでも簡単に調べられると思うから、言葉を自分のなかに定着させようという意識も希薄になる。これではいくら新しい言葉に出会ったところで、なかなか身につきません。

ネットが登場する前は、電子辞書を除けば、多くは重い紙の辞書でした。ですから当時は知らない言葉に出合うと、たいがいは辞書を引くしかありませんでした。

そうした手間のかかる手順を経て言葉の意味にたどりつくほうが、パソコンのワンクリックで調べるよりも自分の血肉になります。

私は大学生のころ、初めて出合った言葉と、その意味や用例をノートに書き写した、自分用の手書きの辞書をつくっていました。非常に手間のかかる作業でしたが、当時ノートに書きつけた言葉はいまでも私のなかに残っています。

ネットの辞書機能やウィキペディアはたしかに便利です。しかし調べたあとは、これからも必要となりそうな言葉ならノートにとって、覚える習慣をつけてください。

本気で文章力を磨きたいと思うのであれば、ネット辞書との付き合い方についても一考が必要かもしれません。

言葉が「フロー」になっている

自分のなかに言葉を取り込む力が衰えているといいましたが、実は言葉そのものが社会に定着しないという現象も起きています。

「ユビキタス」という用語を覚えているでしょうか。ユビキタスとは、いつでもどこでも誰もが簡単にコンピュータネットワークにつながってITを活用できる状態を指す語で、あるときから一気に広まりました。当時は「ユビキタスが社会のあり方を変える」とか、「家電もユビキタス時代に突入した」というように、猫も杓子《しゃくし》もどこか誇らしげにこの言葉を使っていたものです。

ところが最近では、ほとんど耳にしなくなりました。

いつでもどこでもネットワークにつながるユビキタスの考え方は、いまでも重要です。最近は、「クラウド」という用語を使うケースも多いようです。両者は違う意味ですが、どちらもネットの新しい活用状態を表しています。

ユビキタスやクラウドは、バズワードの一種だという指摘もあります。バズワードとは、定義があいまいなまま流布されているキーワードのことです（この言葉自体、つかみどころがなくてあいまいな印象がありますが……）。

現代では意味があいまいで、見渡してみると世のなかはバズワードだらけに思えます。バズワードはマーケティングやITに限らず、見渡してみると世のなかはバズワードだらけに思えます。

現代では意味があいまいで、雰囲気だけでスローガンのように使われる用語が次々に生み出されて、社会に定着する前に消えていきます。いわば言葉がストックされるのではなく、フローになっている状態です。

言葉そのものが根無し草のようにふらふらしているのですから、それを自分のなかに取り込んで使いこなすのは難しい。これらの現代語に関しては、自分のものとして血肉にならないのも当然なのです。

もちろん昔から流行語の類はありました。ただ、かつての流行語は新しい現象とともに誕生して、その現象と一緒に消えていった印象があります。それを指し示す実体があったという意味では、流行語といえども不確かな言葉ではありませんでした。

一方、最近のバズワードは看板を掛けかえて新しく見せているだけで、言葉だけが上滑りしている。しかもデジタル化時代の特徴であるスピードに押し流されるようにして、あっという間に消えていく。

私たちが気をつけなくてはならないのは、生まれては消えていく言葉の洪水に慣れて、自分のなかに定着させるべき言葉を見失ってしまうことでしょう。

流れては消えていく言葉は、物事を深く掘り下げるための道具としては心もとないものです。自分のなかの井戸を掘り下げ、それを文章として表現しようとすれば、やはり自分の血肉として蓄積された言葉が必要になります。

無限大に存在する言葉のなかから本当に実感をもてる言葉を見つけて、一つ一つ自分のものにしていく。言葉が不安定な時代だからこそ、書き手は自分が使う語に慎重さが求められるのだと思います。

縮小のスパイラルの末、誰が残るか

電子書籍の特徴の一つは、出版社や印刷、取次という従来の本の制作、流通の仕組みを通さずに本を出版できるようになることです。これによって誰でも気軽に作品を発表できるようになり、これまでアマチュアとプロの間にあった垣根は一気に下がってきました。誰でも簡単に本を出せる環境は、書き手のすそ野を広げるという意味でおおいにメリットがあるといえます。

一方で、心配な点もあります。このような形で出版される本の場合、それまで出版社や編集者が担っていた原稿のチェック機能が働きにくくなる、あるいはまったく働かないということです。

従来の出版には一つの原稿が本として出版されるまでに、幾重ものチェックを経る仕組みがありました。編集者には「文章が練れていない」などと叱咤《しった》され、営業担当者からは「このタイトルじゃ売れない」、さらに校閲担当者からも「この表現はおかしい」と指摘される。書き手として辛いプロセスではありますが、こうして事前に幾人もの目にさらされることで、作品として磨き上げられていくわけです。最近では、書店員も「本屋大賞」などでその列に加わっています。

書き手がダイレクトに電子書籍を出せるようになると、こうしたチェックをノーパスで通過する作品が増えていきます。

誰でも気軽に発表できるようになって全体の作品数が増える一方で、中身の質は落ちていく。一定の基準をクリアしていない作品が大量に世に出れば、読者はいったい何を読めばいいのか、判断に迷うかもしれません。

こうなると読み手はハズレを手にとる確率が高くなり、しだいに本そのものから離れていく恐れも出てきます。あるいはつまらない作品を避けようと、さらにランキング志向を強めるのでしょうか。

それが現実になったとき、市場に残るのはいったい誰なのか。縮小のスパイラルの末、一部の書き手と一部の編集者のみが残るという見方をする人もいます。

暗示的なのは、電子書籍の草分けであるケータイ小説です。読者投稿型のケータイ小説には、編集や校閲といったプロによるチェック機能がありません。それゆえ表現の稚拙さが目立ちましたが、一方で「これなら私も書ける」という人が増え、みんなが書いて、みんなが読むという同人サークルのような世界を形成していきました。その意味で、コミケ（コミックやアニメなどの愛好者が集うマーケット）の姿に似ているともいえます。

みんなが熱狂のなかで自分たちの世界を支えているときは、それでいい。しかし誰か一人が「冷静に読むと品質が低いよね」と気づいて抜けてしまうと、読み手と書き手の双方を同時に失うことになり、一気に世界が崩壊していく。

ケータイ小説はつねにそうした脆《もろ》さを抱えていましたし、実際にいまはかつての勢いを失っています。

底なしの深い海に潜っていく

電子書籍の時代には、多くの書き手が不特定多数の読者の前にたえまなく登場し、瞬時に消えていくということになるかもしれません。しかし電子書籍、本のデジタル化が質の低下を招くと決めつけると、反論も聞こえてきそうです。

では、紙の書籍がそれほど質の高いものばかりなのか！

まだ電子書籍は始まったばかりではないか。どうしてつまらない本ばかりになるなどと、いい切るのか！

とかく新しいスタイルの表現、また新しいメディアの登場には、若い世代は好意的になり、古い世代は否定的になりがちです。それは既成のメディアで力を発揮している古い世代は、新しいステージの誕生に脅威を感じるからにほかならないし、逆に若い世代は既成のメディアに表現の基盤がなく、新しいメディアの登場に自己の活動の領域を見出そうとして熱狂するからです。

楽天的に見れば、電子書籍と本のデジタル化は新しい表現や、いまとは違ったスピード感のある出版状況をつくっていくのかもしれません。

私は電子書籍そのものを否定していません。きっと五年もすると、私もそれでたくさん本を読んでいるかもしれない。すでに私の作品の一部は電子書籍で読むことができるようになっています。

しかしそれでもなお、このデジタル化を手放しで喜べないのは、読むという行為が、たとえばスケートリンクを滑っていくように移り気で、めまぐるしく、落ち着きのないものになっていくのではないかという恐れを感じるからです。

読書は単なる情報収集とは違った、いうなれば底なしの深い海に潜《もぐ》っていくような思考を伴う行為であってほしい。

そう望むのは、読むという行為が情報で満ちた氷上を、たえまなく動いていくものになれば、必然的に書くという行為もそれに呼応して、せわしないスピード感だけを求められるようなものに変わっていくと思うからです。そうであってはいけないのです。

第6章
書くために「考える」ということ

デジタル化時代の「考える」ということ

いま私の本棚には、五〇年以上前に出版された本の初版が何冊か並んでいます。保存状態がよいものばかりではなく、なかには背表紙がボロボロになっていたり、紙が黄ばんでいるものもあります。

年代別に整理しているわけではないので、古本の隣には、最近出たばかりの新刊本が一緒に収納されています。ただ、歴史の淘汰《とうた》を経て生き残ってきた古本と、まだ時代の洗礼を受ける前の新刊本では、文章の価値や重みが違います。両者は同じ本棚におさまっていますが、同じ職場で働くベテランと新人のように、それぞれが違う顔をもって存在しています。

では古本と新刊本が、両方とも電子書籍になったらどうでしょうか。

もちろんデータを調べるとどちらが古いのかはわかります。しかし文章は電子化された時点で情報として処理され、さらに扱いやすいように均質化、断片化されていくので、パッと見ただけでは二つの違いがわからない。デジタル化された時点で文字情報の周辺にあったコンテクスト（文脈）はばっさりと切り落とされてしまいます。

これまで私がイメージしていた「本」というのは、一冊一冊が独自の世界を構築していて、それだけで完結しうるものでした。

しかし電子化された本は、文字も装丁も均質化されて、視覚的な差異はほとんどありません。それぞれにあるはずの独自の手触り、視覚的な味わいを、ゆっくり愛《め》でたり楽しんだりするものではないようです。

それよりも均質化によってコストダウンが図られて、より安価で手に入るものとして重宝される。そこに本の価値が移ったのかもしれません。

私が想像する電子書籍の本棚というのはこうです。

表紙もページもばらばらになった紙の束が、見たこともないような巨大な本棚にぎっしり詰まっている。そこには分類記号も背表紙もなく、また新刊も古典も渾然《こんぜん》となっている。

しかしマウスをクリックするだけで、たちどころに目当ての本の好きなページを抜き出せます。気が向けばただちに、ほかの本の別のページに移動することもできます。

それは本棚というより、情報が膨大な紙の束となって詰まっている巨大な倉庫のような雰囲気です。

私たちが文章をつむごうとするときには、考える材料としてさまざまなものを読んだり見聞きしたり体験したりすることで、言葉を自分のなかで消化し熟成させていく必要があります。それが文章を書くときの基本であり、これまでのやり方でした。

しかし多数の無機質な情報がデジタル空間に漂ういまの時代に、多彩な情報を自分のなかに取り込んで熟成させていくというこれまでの方法が通じるのでしょうか。時代の変化に合わせてこれまでのやり方を見直すべきなのか、あるいはこういう時代だからこそ、基本に立ち返るべきなのか。

この章では、文章を書くために必要な「考えること」について掘り下げていきたいと思います。

無駄を切り捨ててはいけない

書くということは、同時に考えるということです。

ここでいう考えるということは、数学の問題を解くような思考方法とは違ったものです。あらかじめ課題が設定されていて、答えに向かって論理的に考えていくのではない。書くために考えるというのはもっとあいまいで、ときに寄り道したり間違った場所へ向かっていたりと、合理的に前に進めるとは限りません。

私は五〇歳になったころ、ふいにあと何年くらい書くのだろうか、書いているのだろうかと思い、しばらく呆然《ぼうぜん》として仕事が手につかないことがありました。人生は有限ですから、仕事に向かう時間も有限で、たいていは生きる時間よりも仕事する時間のほうが先に終止符を打つものです。そうやって自分のエンドを想像すると、私だけでなく多くの人が怖くなるはずです。

いまではもうそんなことは考えなくなりましたが、それでも「自己の終わり」を意識した後、何かが変わったように思います。たとえば好きな映画を観ようというときなどに、その変化が表れます。

ちょうどそのとき私は、人間の骨についての本に取り組んでいました。数日間、根を詰めてやっていたので、息抜きに映画を観たくなりました。

調べてみると、大好きなコーエン兄弟監督の『ノーカントリー』をやっていました。本来なら一も二もなく映画館に駆けつけるはずですが、そこでなぜか躊躇《ちゅうちょ》して立ち止まり、考え始めたのです。

どうせ映画に半日費やすならば、もっと役に立ちそうなものを観たほうがいいのではないか。

それでけっきょく、アメリカのテレビドラマのシリーズで女性法人類学者が活躍する『BONES＝骨は語る』のDVDを借りることにしました。人骨の本に少しでも役立てばと思ったわけです。しかし、『BONES』はおもしろい作品でしたが、創作に役に立つような部分はありませんでした。

それからずっと後になって『ノーカントリー』を観たとき、なぜあのとき映画館へ行かなかったか後悔しました。そのぶっ飛んだブラックユーモアと形式にとらわれない自由自在なスタイルに接して、ふーっと肩の力が抜けたのです。

ちょうどあのころは、原稿に行き詰まっていたときでしたから、もしかすると新しいエネルギーや方向性が見えてきたかもしれない。惜しいことをしました。

時間は無尽蔵《むじんぞう》にあると思っていた四〇代までは、自分の好きな本を読み、興味の湧《わ》くニュースを中心にチェックしていました。

しかし、残された時間を意識するようになった五〇代以降は、「これは自分の作品に役立つのか」「テーマとして取り上げる価値はあるのか」という基準で本やニュースに接するところが出てきた。気分にまかせて本や新聞を読んだりニュース番組を見て、時間が無駄になることをどこかで恐れたのでしょう。

たとえば、かつては大好きだったミステリ作品をほとんど読まなくなりました。

ミステリはエンターテインメントだから、読んでも人生の役に立たないというつもりはまったくありません。ミステリを読まなくなったのは、私自身がミステリ作品を書かない作家だからです。

しかし、直接利用できそうなアイデア探しや役立つ情報集めに汲々《きゅうきゅう》としていては、けっきょくダメなのです。「これは無駄」「あれは役立たない」と切り捨てていては、実は表現の幅や深みを失うことになります。

見聞きすること、読むことにストイックになったり、無駄を省こうとしてはいけない。どこにどんなヒントが隠されているか、わかりません。一見、直接役に立ちそうにないことにも宝が隠れているかもしれないのです。

とかく人は、わかりやすい指南、具体的な方策に弱いものです。それを全否定はできませんが、直接的なハウツーばかりを他人の言葉のなかに求めても、それで完璧に書けるようになるとか、すばらしい文章が生まれるということは、まずありません。

だから、この本を読み終えたとたんに、あなたがすぐれた書き手になっているということはないのです。むしろ無駄だったと後悔する読者がいないとも限りません。いやいるでしょう、きっと。

しかし一見、無駄に思えることにも書くうえで役立つところが一つくらいあるだろうと考えてください。逆に、こうすれば絶対によくなる式の指南が、案外役立たないということも覚えておいてほしいのです。

タイトルに悩むときはどうするか

文章を書く人が悩むことの一つは、タイトルではないでしょうか。

実際、タイトルが思いつかない、あるいは本文はどうにか書いても、タイトルが苦手だという人がいます。私も実はタイトルにいつも苦労しています。そこで見出しやタイトルについて、参考にできるような方法はないか考えてみました。

まずよく目にする新聞のタイトルはどうでしょうか。

私は新聞記事のタイトルは新聞というメディア独自のものであって、ほかの媒体は真似しないほうがいいと思っています。

特に一般紙の場合、タイトルは記事を要約し、ポイントを見つけて見出しにすることが目的となっています。ですから記事内容ときれいにマッチすることが絶対なのです。そう考えると、実によくつけてあるな、と感心するものです。

しかし私たちがエッセイを書いてみよう、小説に挑戦しようというときは、必ずしも中身が要約されている必要はありません。ことにみんなに読んでもらおう、人目を引こうというときは、中身を要約したタイトルではたいてい失敗します。

週刊誌のタイトルを思い浮かべてください。電車のつり広告には、新聞とは対極にある見出しが扇情的《せんじょうてき》に並んでいます。それに惹《ひ》かれて読んでみると、タイトルほどのことはない場合も多く、なかには中身と矛盾しているのではとさえ思うものもあります。その大半は、人をいかに引きつけるかというキャッチコピーとしてつけられているからです。

魅力的なタイトルが思いつかない、つけたタイトルが気に入らないという人は、いったん自分の書いた本文を閉じてみてください。

あなたの文章にちりばめられた言葉は、この世界に存在する言葉のほんの一部にすぎません。そのほんの一部の狭いなかから、タイトルを発想する必要はないのです。タイトルは本文の文章とは別のところにあることも多いからです。

私がタイトルをつけるときは、言葉の連想ゲームのように単語を思い浮かべていきます。デジタルカメラについてのエッセイを書くとします。

思い出、記憶、記憶と記録、心とメモリ、容量、人生の記録容量……。

と、何でもいいのです。そうして何十個も単語やフレーズを並べて、そこからタイトルを発想します。本文と離れていてもいい。これはというものが浮かんだら、今度は本文とのすりあわせに入ります。もしかすると、変わるのはタイトルではなく本文のほうかもしれません。

数字のウソに気をつけろ

文につきものの、統計やデータについても考えてみましょう。

数字や統計は客観的なものなので、文章に入れ込むほど主張の正確さが裏づけられる。そう考えてデータを並べるのは逆効果です。文章は統計やそれをもとにしたグラフなどで飾り立てるほど、説得力を失う場合もあります。

数字がたくさん並んだ文章を見ると、その部分を読みとばす読み手は少なくありません。

それは単に数字が苦手だから、と考えるのは間違いです。数字を並べ立てた文章を敬遠するのは、統計などのデータが「時にウソをつく」ことを経験的に知っているからです。

アンケートや統計などの数値というのは、客観的ではなく主観的に選択されたものも多いのです。

一例をあげましょう。日韓、欧米五カ国の一八歳から二四歳の若者を対象にした調査で、「将来、老親をどんなことをしてでも養う」と答えたのは、欧米が五一～六六パーセントでした。それに対して、日本は約半分の二八パーセント。この結果からは、

「日本の親子関係はドライだ」という結論に導かれるように思えます。実際、そういう記事がありました。

ところが同じ調査で、現在親と暮らしている人の割合は、日本が七四パーセントで二番目に高く、欧米は平均四八パーセントにすぎないという結果が出ました。

同居率に注目すれば、「子どもが成人しても一緒に住むくらい、日本の親子関係はベッタリしている」という逆の解釈も可能になります。つまり同じ調査からの引用でも、どの数字に焦点を当てるのかによって、導かれる結論はいかようにもコントロールできるのです。

統計やデータをそっくりそのまま信頼するわけにいかないのは、都合のいいところだけを切り取っている可能性があるからです。一方で、すべてを見せれば客観性が高まって説得力も増すかといえば、それも違います。

数字がたくさん並んだ文章も同じです。

言葉以外のものをあれもこれもと入れ込むほど文章の趣旨がわかりにくくなり、かえって読み手を混乱させることが多い。客観性が高く見えることと、説得力があることは別なのです。

では、数字をどのように用いればいいのか。

その図は文章にできますか

最もいいのは、数字を使わないで人を説得できる文章を書くことです。主張の唯一のよりどころが数字だと、その信頼性や信憑性《しんぴょうせい》が疑われた瞬間、文章は説得力を失います。数字は、あくまでも主張の添え物として使う程度でいい。仮に使うとしても、一つか二つ。ゴテゴテと飾りつけるのは禁物です。

試しに自分の文章から言葉だけを取り出して、読み直してみてください。それで論として成り立っているならセーフ。論として弱ければ、統計やデータだけに依存している証拠ですからアウトといっていいでしょう。

数字と同様に取り扱いに注意したいのは図です。

ある企業に取材に行ったとき、会社の理念を説明するといって一枚の紙を渡されました。見ると、三つの大きな円が一部を重ねるようにして描かれています。それぞれの円には、「テクノロジー」「人材」「マインド」と文字が入り、重なった中心部には「企業力」と書いてある。

よくあるパターンの図なのでそのまま受け流しそうになりましたが、見れば見るほど意味がわかりません。どうやら雰囲気だけでつくってしまった図です。

あいまいな図を使うくらいなら、きちんと文章で説明したほうがずっといい。「弊社を支えているのは、最先端テクノロジーと、高い志をもった人材です」

この一行のほうがずっとシンプルかつ的確です。

数字に頼った文章が説得力に欠けるように、図をつけてごまかしている文章も説得力がありません。図の場合も、数字と同じく、まずは文章だけで完結させて説明することを心がけるといいでしょう。

記事に主張が盛り込まれているか

かつて新聞は「いま」を知るために欠かせない情報源でした。当時は事象を早く伝えるメディアでしたから、情報性を重視した記事ばかりで、ともすると平板な紋切り型の文章が並んでいました。

解説記事でも、「世界経済は回復基調にある」と書いたそばから「一方、依然として金融不安を危惧《きぐ》する声も根強い」と、別の見方を添えてバランスを取る。これでは焦点がぼけて、記事自体の印象が薄くつまらないものになります。そんな両論併記、中立的な色彩の記事も多かったのです。

もちろん、いまでも新聞という大きなメディアの性格上、バランス、中立を意識した記事が大半です。しかし最近では「おもしろい」「興味深い」と思う記事も散見されるようになりました。

理由の一つは、ネット時代に入って速報性という柱が崩れつつあるからです。東日本大震災の後、街頭で号外を配っている光景に出くわしました。福島第一原発の事故を伝える内容でした。号外だというので手を出し興味深そうに目を通す人もいるのですが、広場にひとかたまりになった学生でしょうか、その若者集団は見向きもしません。

通行人が途絶えたとき、号外を配る係はそのグループに近寄り、なかの一人に一部を手わたしました。若者はちょっと迷惑そうにそれを受け取ると、苦笑いしながら仲間に紙面をかざしました。するとなかの一人が「もうそんなこと知ってるし」と、小馬鹿にしたようにつぶやきました。ケータイやツイッターですでにニュースを知っていたのでしょう。以前なら先を争って手に入れようとしていたのに、号外を配る風景もずいぶんと様変わりしています。

そのような速報性を失いつつあるなかで、新聞にはある変化を感じます。署名記事が増えているのです。そんな記事のなかには、なかなかおもしろいものの、すぐれたものも出てきました。

好ましいと感じるのは記事に主張が盛り込まれているからです。以前のような、バランス感覚を保つために両論併記されたような文章が、署名記事では少なくなったように思います。

投稿記事などではいまでもたまに、両論併記の文章を見かけます。客観的な立場を心がけたつもりが、人の興味を引かない、ぼんやりとした退屈なものになってしまう。新聞記事もエッセイもビジネス文も手紙も、明確な書き手の視点が必要なことに変わりはありません。

資料におぼれるな

資料の集め方についても触れておきましょう。

やり方は人それぞれです。あるテーマを掘り下げようと、本格的な専門書を図書館で探したり、古書店をまわって珍しい専門書を買いそろえるという人も、なかにはいるかもしれません。しかし、私なら専門書から入るようなことはしません。まず読むのは入門書。それで基本を押さえるまで、専門書には手をつけないようにします。

なぜ入門書なのか。たとえばモダンアートについて書くとします。それにまつわる知識全体を一本の木にたとえるなら、たとえば『現代美術がよくわかる一冊』というような本があれば、その手の入門書は木の幹で、『アンディー・ウォーホール作品の探究』というような詳細な知識が詰まった専門書は枝や葉といっていいでしょう。

ところが、いきなり枝や葉から入ってしまうと、それが木のどの枝についていたものなのか、あるいは木の高さや太さはどうなのかといった全体像が、いつまでたってもつかめません。モダンアートの全体像が見えなければ、いま手にしている知識の価値がよくわからないし、その位置づけも見えない。

まったく門外漢のジャンルについて知りたいという場合は、私はよく高校の教科書を参考にします。理系の世界など、すっかり忘れていることも多いし、何よりコンパクトに体系的に知識を導入できます。

それから少しずつ難度の高いもの、詳細な資料となるような本に移行していきます。

少し具体的に紹介しますと、世界の歴史について調べるときは、まず『要説世界史A』というやさしい高校の教科書を開き、つぎにその同じ時代と場所、出来事を『詳説世界史研究』という教科書の解説書でフォローし、それから『平凡社大百科事典』で知識をおぎなうというぐあいです。

私は一冊のノンフィクションを書くというとき、たいてい五〇冊から一〇〇冊ほどの本に当たります。結果的にすべて活用できるというわけではありません、なかにはほとんどページを開かずにすむものも出てきます。それくらいがちょうどいい量かなと思っています。

このあいだ耳にした話ですが、定年退職したあと、「郷土の誇りである中江兆民」について資料を集めている人がいました。

かねてから一冊の本にまとめたいと思っていたというのです。三年がたち集まった資料は二〇〇冊を超えるといいます。中江兆民に少しでも関係するものは収集し、それはいまでも終わっていないらしいのです。

これは生真面目で熱心な人が陥《おちい》りやすい罠《わな》です。完全を目指すあまり、資料におぼれてにっちもさっちもいかなくなるわけです。

資料は資料にすぎません。いくらたくさん集めても、資料として使いこなせなければ意味はない。私なら資料集めは三ヵ月、冊数は多くとも七〇冊などと、あらかじめ限度をもうけてスタートさせます。

資料集めと同じことは、付箋《ふせん》の貼り方にもいえます。

たまに一冊に一〇〇枚もの付箋を貼っている人がいます。あれもこれもと気になった箇所に貼っていくうちにそうなったのでしょうが、二〇〇ページの本に一〇〇枚の付箋では意味がなくなります。

私は資料として使う本は、最初に読んで貼った付箋の部分だけを二度読みします。そこで必要ないというものはどんどんはずしていく。そうすると、重要な部分だけになり、後が使いやすい。

テレビの書評番組に出演するとき、私は付箋をほとんどはずして、レビューする本を紹介します。しかしテレビで観ると、他の出演者に比べてあまりに私だけが少ないので、読んでいないような印象があると指摘を受けました。人によっては、付箋は読み込んだという証拠のようなものに見えるのかもしれません。

しかしその数で、自分を納得させてもあまり意味がありません。もし付箋の多さで自分を安心させ、中身を理解した気になっているとすると問題です。

書きたいテーマが見つからない

作家やエッセイスト志望の人で、「書きたいテーマに出合うまで待っている」「機が熟せば、自然に書きたい衝動にかられるはず」と考える人も多くいるようです。

しかし、テーマが天から降ってくるということは、少なくとも私の場合はありません。書きたいものを見つけたければ、自分で引き寄せるしかないのです。

現代を代表するアメリカの作家スティーヴン・キングは、ショッピングセンターでカートを一生懸命押している少年の姿を見て、ある長編作品の着想を得たといいます。

これはたまたま運がよかったから浮かんだアイデアでしょうか。

私はそう思いません。キングは多作な作家で、ほぼ毎年のように新作を発表しています。そうやって来る日も来る日も書き続け、次の作品は何を題材にしようかと追い込まれていたからこそ、カートを押す少年の姿に何かを見出したのです。

『野性の呼び声』で知られるアメリカの作家、ジャック・ロンドンは「インスピレーションは待っていてもやってこない。こん棒で頭を殴りつけるようにして書く」というようなことをいっています。著名な作家でさえ、何もないところから絞り出すようにして、必死な思いでテーマやモチーフを探すのです。

その反対に、ちょっとした思いつきやアイデア、膨らませて展開できそうな情報、知識といったものをもっているのに、うまく書けないという人もいます。

何が問題なのでしょう。

どんなにいい思いつきや有益な情報や知識でも、それだけでは書くことには役立ちません。そんなものです。宝の持ち腐れといってもいい。

物知りとしてまわりに重宝されたい、あるいは注目を浴びたいのならそれでもいいのですが、文章にして人に伝えたいというのなら、断片化されたそれらをまとめなければならない。

そうです、あなたの問題は重要なとっておきのものが、バラバラな断片として自分のなかに散らばっているというところにあります。

つまりはそれらを統合する力が必要なのです。

というのは簡単ですが、そもそも言葉の統合力というのはどんなものでしょうか。

ここであるエピソードを紹介します。

ずいぶん昔のことですが、アンドレイ・タルコフスキーの『ノスタルジア』という映画を観ました。亡命ロシア人監督の名作です。冒頭に、うち捨てられたような小さな教会のシーンが用意されていました。主人公がなかへ入っていくと正面に古びた服をまとったマリア像が飾られている。人よりも大きなものです。

近づいてその服に手をかけた瞬間、腹のなかの空洞に隠れていたおびただしい数の小鳥たちがいっせいにあふれだし、教会から外へ飛んでいきました。静寂を破る鳥たちのさえずり声に圧倒されるシーンです。

さらにこの映画では、もう一つ印象的なシーンがありました。田舎の温泉町にある広場を、ロウソクの火を消さずに渡りきるように主人公は諭《さと》され、それを実行しようとする。しかし風が強くどうしても途中で火が消える。そこで彼はコートでロウソクを抱えこむように風から守りながら渡りきる。そして息絶えるのです。

またこの映画には、壁に1＋1＝1という奇妙な落書きも登場します。

この映画を観終わったとき、私は不覚にも泣いていました。

しかし、自分が何に感動したのかそのときはさっぱりわからない。そういうことが、たまにありますね。

ある映画雑誌でタルコフスキーの特集があり、私もエッセイを一本書くことになりました。はじめて観てから五年ほど経過していましたが、それらのシーンが、原稿を書こうというだんになって、ふたたび鮮明に浮かんできました。

そしてある瞬間に、すべての謎《なぞ》がとけたのです。

マリア像のなかから飛び去った小鳥たちは新しい生命、つまり赤ん坊の象徴だったのです。風から火を守るためにコートでロウソクをおおう姿は、横からは腹が膨らんだ妊婦そのものに見えます。主人公は火の消えなかったロウソクを、コートの陰、腹のあたりから取り出し所定の石段に供えます。つまりこれも出産を暗示している。1

＋１＝１とは男＋女＝子と読めます。

タルコフスキーは作品のなかで「母なる大地」であるロシアへの望郷の念と、新しい命の誕生とを重ね合わせて描いたのでした。

心に引っかかったピースをすくいあげる

『ノスタルジア』のエッセイでは、見方によっては何でもないシーン＝断片を、どうにか結び合わせることによって、文章として形にできました。

情報や知識が統合されて文章になるというのは、こういうことかもしれません。では、この統合力というのは、どのように発揮されたのか？

簡単なことです。私が五年前に観たシーンを記憶していたからです。記憶するだけの心の動きが、その「シーン」＝「情報」にあったのです。それは記憶され、ときたま意識のなかに立ち上り反芻《はんすう》されてきたわけです。だからその象徴性や意味するところを発見することができた。

おそらく私は無意識のなかにも、五年にわたってそうした作業を行ってきたのだと思います。文章を書く瞬間に急に考えがまとまったように見えても、実は五年のあいだバラバラだった断片＝ピースを、私はときどき頭のなかでめくって確かめていたのだと思います。

文章の統合力というのは、トランプゲームの神経衰弱に似ている気がします。カードをふせて並べ、めくった二枚が同じ数字なら手に入るというあのゲームを思い出してください。

カードの一枚一枚は情報、知識、アイデアです。それらは、裏返しになっていて表は見えない。しかし一度めくると、光を放つものがある。「めくってくれ」といっているようなカードがあるわけです。そうしたピースを、私たちは必ずいくつか頭のなかにもっているものです。

ではなぜそれらは光を放つのか。そのピースを手に入れたときに、一つの心の動きがあったからです。それらはなんらかの感情を伴ったピースです。私が正体もわからず涙した『ノスタルジア』で感動したシーンのように。

私たちは誰もが、どこかで喜び、哀《かな》しみ、恐れ戦《おのの》き、とまどい、安堵《あんど》するという場面をもっています。何かにひどく惹かれたり、嫌悪したり、安心したりもします。

こうした感情の動きがまったく伴わない情報や知識やアイデアは、その人にとっては価値がありません。受験勉強で暗記する歴史の年表のような知識に、感情移入することはできないからです。だから私たちは、それをすぐに忘れてしまうわけです。

書くということは、心の動きに引っかかったピースを、すくいあげて言葉にする行為だといってもいいでしょう。

日常的にそうした瞬間などないと、無感動、無感覚に日々を過ごしている人は、文を書くことはおそらくできません。書いたとしても、それは「伝わるもの」にはなりません。

「伝わる」文章を書くことの秘訣《ひけつ》を一つにまとめるとすると、それは日々の心の動きをないがしろにせず、自分の内面に目をとめて、それを言葉として残しておくこと以外にないのです。

まわりくどい方法のようですが、これが文章術の王道です。

案外、簡単なことではありませんか？

デジタル化時代の「書く」ということ

この本をつくっている最中に東日本大震災が日本を襲いました。津波がおびただしい数の生命を奪いさり、放射能はいまだ私たちを不安におとしいれています。

そんな混乱した、明日のことさえ考えられない状況のなかで、いち早く「復興」「日本は一つのチーム」という言葉が、マスメディアを通じて広まりました。前向きなスローガン、励ましの善意の言葉にはちがいないのに、私はそれを耳にするたびに不快感を覚えました。そんななかで、ある新聞記事が目にとまりました。

そこでは行方不明の家族を捜し歩く被災者の声を紹介しています。

「これ以上どうがんばればいいんだ。気安く『がんばろう』などといってほしくない」

言葉というのは人を励ますこともあれば、同時にひどく傷つけてしまうこともある、危険で強い力をもった存在です。

それを使って文章を書くという行為もまた、そんな危うさ、怖さを秘めたものです。

この大震災で印象に深く刻まれたのは避難所のとある光景です。掲示板に書かれた安否情報を食い入るように見つめる人々の姿がありました。避難した小学校の黒板にはチョークで大きく「がんばりましょう」の文字が書かれていました。また配られた新聞に一心に目を落とすお年寄りの姿がありました。

アナログの言葉にはデジタルの言葉にはない強さがあります。

しかしその一方で、言葉のデジタル化、ネットワーク化の利点も発揮されました。情報化された言葉は瞬間的にネットワークをかけめぐり、多くの人を結びつけたり、マスメディアでは抜け落ちる言葉を日本はもとより、広く世界へ伝達しました。

少なくともはっきりしていることは、この大震災が言葉のデジタル化を一気に推し進めるだろうということです。

紙がたりない、インクがないなどという状況のなかで、出版社では本や雑誌の電子書籍化に大きくシフトしています。いずれは、電子書籍だけで出版される本というのが主流になるかもしれない。

言葉や文章がデジタル化されて瞬間的にやりとりされるこの時代に、書くということはどんなふうに変わっていくのでしょうか？

電子書籍、電子メール、ツイッターなど、いつのまにか私はデジタル化された言葉を頻繁に書き、読むようになりました。

そのことで私の言葉や文章が変わるのでしょうか？　あるいは書くという行為そのものに、新しい何かが加わるのか、あるいは失うのか？

この本では、はっきりとした答えを出せませんでした。それは今後の課題です。

しかし、デジタル化された言葉や文章には力がない、人に伝わらないということはありません。デジタルでも手書きの手紙のようなアナログでも、力のある言葉とそうでない言葉があります。ただ、書くこと、言葉にたいする姿勢にあきらかな変化が訪れるということは、たしかでしょう。

藤原智美

文庫本のための長いあとがき

書くことを好きになるのが一番

文章読本は古くから存在し、多くの読者を獲得してきました。私もその一人です。なんとか文章を書くテクニックを身につけようと、すがるような気持ちで手にしたこともあります。しかし、すぐに役に立つと思えるようなものに出会ったことは、残念ながらあまりありませんでした。

いま考えると、私が気に入った文章読本は、直接役立つテクニックがたくさん羅列されているようなものではなく、文章のもつ奥深い魅力を教えてくれるようなものだったのです。そんな本を通してわかってきたのは、文章をうまく書けるようになる秘訣は、書くことを好きになること、そして文章の魅力を知ることだということでした。

しかし現代のようなネット時代では、文章の魅力や良さがデジタル情報のなかに埋没してわからなくなってきているようです。

まず長い時間をかけてじっくりと文章をつくることが減りました。手書きの日記、手紙、ビジネスレターはSNSやメールに置き換わり、そこでは会話体や短文が主流になっています。

たとえ長文であっても拾ってきた定型文を拝借したり、どこかの文をコピー&ペーストしたり、あるいは画像で代用させたりするものが多くなりました。しだいに文章そのものの存在が著しく希薄になってきたようにも感じます。

折り鶴の作り方を文だけで説明できるか

こんな時代だからこそ、人が自力でつくりだす「文章」と、それをつくりだす「行為」は大きな価値をもっています。動画や画像の時代に「なんてズレたことを」と思われるかもしれません。しかし実際、そうなのです。

それを説明するには、たとえば折り紙を例にとるといいかもしれません。あなたが鶴の折り方を私に教える文章を書くとします。私は折り鶴をつくったことがありませんから、あなたはできるだけ丁寧にわかりやすく、しかもコンパクトに書かなければなりません。

もちろん動画や画像は使えません。挿絵さえない文だけで、私のような初心者や折り鶴など見たことがないという人にも、きれいに折ることができるような文にしなければなりません。

最初の一行はこうでしょうか。

「まず正方形の紙を用意します。それを二つに折ります」

しかしこれでは、まったく説明になっていません。

「角と角とを合わせるようにして二つに折ります」

これもダメです。長方形ができてしまうかもしれません。

では文頭に「対角線上にある角と角を合わせる」とつけ加えると、どうでしょう。

これならうまくいきそうです。しかし折り鶴を見たこともない人なら、ちょっと不安をもつかもしれません。そこで最後に「二等辺三角形をつくります」と加えると、ひとまずだいじょうぶでしょう。

こうして折り方の手順を説明していくのですが、作業はどんどん複雑になっていきます。あなたは「文だけで説明するなんて無理」と、途中で投げだすかもしれません。

大学入試の作文問題としてこれをとりあげても、限られた時間内に完全に書ける人は稀ではないかと思います。たかだか折り紙の説明文にしても、このむずかしさ！

文章を書くというのは、ほんとうはとてつもなくむずかしく根気のいる営みなのです。

一番かんじんなのは「この言葉で、この文章で読む人ははたしてわかるだろうか？」と、つねに自問自答しながら書かなければならないということです。そこでは他者（読者）にたいする書き手の「想像力」が試されます。何かを伝えるという役割を背負う文章は、他者への想像力が欠けていてはまず伝わりません。

　では自分へ向かって書く日記の場合、想像力はいらないのでしょうか。いえ、必要です。日記を書くには、他人ではなく、自分への想像力が必要です。日記とは、いま書いている自分が過去のもう一人の自分に思いをはせる想像の産物なのです。そうでなくては、日記はただの行動の羅列になってしまうでしょう。そんなものなら書く必要はありません。行動の記録なんてスマホのなかに、パソコンのなかに、ネットのどこかにすべて残る時代になったのですから。

　さて、今度は読み手の側の問題です。

　折り鶴の折り方を文章で読みながら苦労して完成させるのと、動画やイラストを見ながら完成させるのとでは、どこが違うのでしょうか。

　動画などを見ながらだと、文字通り見よう見まねで完成までたどり着けるでしょう。反対に文章を読みながらだと、作業はちょっと面倒です。なぜでしょうか。

　それは前に述べたように、言葉を手がかりに、想像力を働かせなければならないからです。「対角線」という言葉で、読み手は目の前の紙に想像上の対角線を引き、そこで折るべき「線」を想像します。読み手には頭のなかでまず言葉を解読し、それを自分の指先の動きに移し替えていく、能動的で想像力を駆使した仕事が必要なのです。

だからこそ、できあがったときの喜びは格別です。折り鶴を見たこともなかった人が、もし文を読むだけでそれをつくりあげたとしたら、自分の手仕事の成果に驚き感動するはずです。

文章には、書く人に他者への想像力を、読む人に言葉への想像力を、それぞれ引きだす仕組みがあります。

あなたの書く力、読む力はいまが絶頂期かも

一方で、動画などを見て折り鶴をつくる場合は、見ながら「まねをする」だけですから、そこに自己の想像性が発揮される機会は、それほどありません。

さらに動画などを見ながらつくるのと、文章を読んでつくるのでは、頭の使用度合いが格段に違います。だから、その後の記憶の残り方も違ってくるでしょう。いうまでもなく、読んでつくるほうが記憶に残るはずです。

もし私が六歳の子供にもどったら、動画を見ながらならば折り鶴をなんとか完成させられそうですが、文章を読むだけではけっしてつくることができません。

もし私が八〇歳の老人になったら、動画を見ながらだったらできるかもしれませんが、文章を根気よく読んで、それを手がかりに完成させるのはむずかしいでしょう。

つまり読む力というのは、それを身につけたり、また維持するのはとても大変なことなのです。実際に、老人になって長編小説を何冊も読破するという人は稀です。リタイアしたら好きな本を溺れるほど読みたいと大量に買いそろえて、けっきょくほとんど読まないまま人生を終えたという人を、私は何人か知っています。

「文」を書く、読むという能力は身につけるまでに時間がかかり、そして使わず放っておくと失っていくものなのです。人はこのことを忘れています。もしかすると、あなたはいま、その能力の絶頂期にあるのかもしれません。にもかかわらず、たいして読んでもいないし、書いてもいないとすると、大変もったいない！　ことなのです。

書き慣れると言葉がすらすら出てくる

文を書くということは、自分の頭のなかにある言葉を文字に移し替えるという単純な行為ではありません。

たとえば折り鶴の説明文を、どんな言葉で始めますか。まず頭に「紙」という言葉が浮かび、それを書こうとする。すぐに今度は「正方形」という言葉が浮かぶかもしれません。それから初めて「正方形の紙」という言葉を自分の頭からとりだして書きとめる。そうやって説明文はどんどんできあがっていきます。

つまり最初は何もないのです。書こうという段になって初めて言葉が出てくる。言葉を書きとめるのと頭に浮かぶのとが同時に感じられるので、あたかも言葉が頭のなかに初めからあったかのように錯覚している。そうではなくて、書くという行為が言葉を引きだしてくるのです。言葉を生みだしているといってもいいかもしれません。逆に言えば、書かないかぎり言葉は生み出されない。書かない人の頭のなかには言葉はない、ともいえます。

言葉が「ない」といっても、まったく存在しないわけではありません。頭脳という「銀行」のなかには膨大な言葉がしまわれています。しかし言葉はさらに分厚い扉で守られた金庫のなかに眠っていて、書くという行為を通して初めて鍵が開き、表に出てくる仕掛けになっています。

この言葉の銀行が面白いのは、言葉をいったん引きだしても、なくなるわけではないということです。むしろ引きだして使うことで、言葉はより強くなっていく。金庫は豊かになっていくのです。

書くことが言葉を生みだす契機になるわけですが、書くことを習慣づけていると、言葉は連鎖的に生みだされるようになります。私が二〇代でライター稼業を始めたとき、最初は文を書くことがほんとうに大変でした。言葉が出てこないのです。書こうと思って原稿用紙に向かっても、書くべきこと、書きたいことはわかっていながら、具体的な言葉がなかなか出てこない。産みの苦しみを味わいながら書きました。

　しかし何年か書きつづけていると、そのうちにスムーズに言葉が出てくるようになります。一つの言葉がつぎの言葉を引きつれてくるといった感じです。

　もちろんその結果、間違いや駄文も混ざってくるので、書き終わってから削ったり加えたり構成を変えたりという改稿や、なかには全面書き直しも出てくる。しかしそこまでくると、書くことは楽しくなります（苦しいこともありますが）。

　書くことを習慣にすると、言葉をおさめた金庫の鍵のようなもの、つまり言葉を生みだす「仕組み」が、どうやら頭のなかに自然にできあがっていくようなのです。そうなるまでが大変なのですが……。

　ですから文章術の基本は、

「ともかく書いて書いて書きまくる」

「それを的確に批評してくれる信頼できる人を見つける」

　この二つだけです。

いまだからこそ「文」による思考力が大切

こうして「書くという行為」をつきつめて考えると、言葉を発し、文字を書き連ねるという具体的行為そのものが思考だということがわかります。

頭のなかでいろいろな思いや感情、ときに言葉がめぐっていても、それは思考以前のまとまりを欠く曖昧な言語的「状況」にすぎません。その不安定な状態は、言葉が発せられたり、書かれたりしたときになって初めて、確固としたものにまとめることができる。思考を定着させるといっていいかもしれません。

言葉は口にだされることで、書かれることで他者を、また自分をも説得するものになっていくのです。

人が古くからお経を唱えたり、標語を唱和したり、人生訓を書きだし壁に貼ったり、著名人の書を飾ったりするのは、表出された言葉にこそ力と意味があるということを知っていたからです。

思考は頭のなかで完結することはありません。話す、書くという言葉を表にだす行為によって思考は成りたちます。その行為によって初めて人の考えや思いは他者に伝わり、また自分自身を納得させることができるのです。

では二つの表に出る言葉、表出する言葉である「話し言葉」「書き言葉」に違いはあるのでしょうか。

　これは深く考えなくても、自分の経験ですぐわかる違いです。書くことのほうが、話すことよりもずっと語彙も豊富ですし、まとまりがあり論理的です。話された言葉をすべて録音して書き起こしてみると、その違いが歴然とわかります。書き言葉は話し言葉ほど早く伝わることはなく、感情をこめることも不得手ですが、その分、幅広く物事をとらえることができ、深みと厚みをもっています。書き言葉は話し言葉よりずっと思考的であったり思索的です。

　こうした二つの表出する言葉と思考の表裏一体の関係を理解して、ネット時代の言葉を考えると、空恐ろしい現実が見えてきます。

　簡単にいうと、ネット上の言葉が思考からどんどんかけ離れていき、人を置き去りにして動き回っているようなおかしな状態が、いまそこかしこに存在しています。

　ネット上を瞬間的に短文でやりとりされる言葉は、生の会話のように相手に伝わっているのかどうか、そのつど知ることはできない。だから反射的にとても気楽に、そして粗雑に発信されます。しかもそれはマーク記号や画像や定型的な言い回しが多用できるので、送り手がさして考えることなく発信できる。

　しかしそんな言葉がとてつもないトラブルを引き起こすことは誰でも知っています。

そこでメッセージはたいてい自分の考え、本心とは無関係なあたりさわりのないものが多くなります。そこでは言葉そのもの、メッセージそのものが重要なのではなくて、ネット上に一つの記号としてその人の言葉が流通している、という「事実」が重要なのです。

現代人はネット上に膨大な言葉を発していますが、そのほとんどは「考えること」とはかけ離れた行為となっています。

こういうと、それでうまく社会はまわっているのだからいいではないか、という声も聞こえてきそうです。

この本を読んでくださったあなたはどうでしょうか。書くことは考えることだと納得されたなら、正面から言葉と一人向き合って「書くこと」が、いかに大事か理解していると思います。ネットの言葉の条件反射的な瞬間性と、常にリセットされつづけ、けっして蓄積されていかない儚さに慣れてしまうことが、自分の思考力を減退させていることにつながるということも理解しているはずです。

ネット上には膨大な言葉があふれています。そのなかでひときわすばらしい説得力のある発言、文章に出会うことが稀にあります。きっとその言葉を書き送った人は、書くこと＝考えることという原理をしっかりと体得した人にちがいありません。

私もそんな言葉をつくることができるようにこれからも努力したいと思います。
みなさんもどうぞ、書いて考える充実した毎日を送られることを願っています。

藤原智美

藤原智美（ふじわら・ともみ）

一九五五年、福岡市生まれ。フリーランスのライターを経て、九〇年に『王を撃て』で小説家としてデビュー。『運転士』で第一〇七回芥川賞受賞。主な小説作品に『モナの瞳』『私を忘れないで』。小説創作のかたわらドキュメンタリー作品も手がけ、住まいと家族関係を考察した『「家をつくる」ということ』はベストセラーに。続編『家族を「する」家』はロングセラーになる。主なノンフィクション作品に『ネットで「つながる」ことの耐えられない軽さ』『暴走老人！』『スマホ断食』。『暴走老人！』では若者よりもキレやすい「新」老人の姿と、彼らの生態を通した現代社会の人間関係を考察し、タイトルのネーミングとともに視点の鋭さが話題を呼んだ。
公式サイト http://www.fujiwara-t.net/

――本書のプロフィール――

本書は、二〇一一年五月にプレジデント社より単行本として刊行された同名作品を改稿して文庫化したものです。

小学館文庫プレジデントセレクト

文《ぶん》は一行目《いちぎょうめ》から書《か》かなくていい

著者　藤原智美《ふじわらともみ》

二〇一七年二月十二日　初版第一刷発行

発行人　菅原朝也
発行所　株式会社 小学館
〒一〇一-八〇〇一
東京都千代田区一ツ橋二-三-一
電話　販売〇三-五二八一-三五五五
編集（プレジデント社）
〇三-三二三七-三七三二
印刷所――凸版印刷株式会社

この文庫の詳しい内容はインターネットで24時間ご覧になれます。
小学館公式ホームページ　http://www.shogakukan.co.jp

ISBN978-4-09-470015-2